社会变迁与运动员生活秩序的重建

——以山西省武术运动员退役生活为中心（1958—2008）

田文波 / 著

复旦大学出版社

目 录

第一章　导论 ··· 001
  一、问题的提出 ·· 001
  二、选题的意义和价值 ·································· 006
  三、研究方法 ·· 007
  四、文献综述 ·· 008
  五、概念界定与研究的基本理路 ························ 017
  六、研究重点与难点 ···································· 025

第二章　群体概述：群英荟萃的山西武术运动 ············· 027
  第一节　山西武术历史渊源 ····························· 027
  第二节　新中国成立后群英闪耀的山西武术运动 ······· 033
  第三节　群体形成中的国家与个体 ····················· 049

第三章　从业余走向专业：运动员生活秩序的固化 ········ 061
  第一节　运动生涯的开始：从普通个体到"国家的人" ······ 062
  第二节　准军事化：运动员生活秩序的构成范式 ········ 072
  第三节　职业化：运动员的训练生活秩序 ··············· 095

第四章 秩序转换:运动员生活的终结与退役生活的开始 …… 107

- 第一节 退役:竞技生涯的终结 …… 107
- 第二节 退役的主体因素分析 …… 110
- 第三节 国家主导下的退役安置(1958—1990) …… 115
- 第四节 走向自主择业的退役安置(1991—2008) …… 123

第五章 秩序重建:退役生活的不同样式 …… 134

- 第一节 重建秩序的开始:从期待到适应 …… 134
- 第二节 秩序重建的结果:武术运动员退役生活的不同样态 …… 136
- 第三节 国内武术运动员退役生活的样态分析 …… 164

第六章 20世纪80年代以来社会变迁与运动员生活秩序的重建 …… 170

- 第一节 "个体的崛起"与退役运动员自我价值的勃发 …… 170
- 第二节 从社会精英到普通群众 …… 174
- 第三节 社会变迁与退役运动员个体生活选择 …… 178

结语 …… 182

附录 …… 190

参考文献 …… 204

致谢 …… 217

第一章

导　论

一、问题的提出

现代体育运动的发展是伴随着西方资本主义的发展而进行的,19世纪末,法国人顾拜旦①所提倡的奥林匹克运动开始逐步兴盛。自1896年在希腊举行第一届现代奥运会开始,欧美职业体育赛事逐渐走向成熟,运动员作为职业和群体开始在西方国家逐步产生、形成。20世纪上半叶的中国,政局动荡,战乱不断,当时的南京国民政府曾先后三次派体育代表团参加奥运会,但以业余运动员身份参加奥运会比赛的中国运动员们未能取得优异成绩。②新中国成立以后,为了改变旧

---

① 皮埃尔·德·顾拜旦(1863—1937),法国著名教育家、国际体育活动家、教育学家和历史学家、现代奥林匹克运动的发起人。1863年1月1日出生于法国巴黎的一个非常富有的贵族家庭。1896年至1925年,他曾任国际奥林匹克委员会主席,并设计了奥运会会徽、奥运会会旗。由于他对奥林匹克不朽的功绩,被国际上誉为"奥林匹克之父"。
② 1932年,第十届奥运会在美国洛杉矶举行,国民政府以"时间仓促,准备不足"为由拒绝参加。而伪"满洲国"宣布派刘长春、于希渭参加,刘长春在报纸上发明声明决不代表"满洲国"参加。国民政府因此决定派刘长春等人代表中国参加奥运会,在张学良的资助下,刘长春参加了奥运会的100米、200米比赛(在预赛中被淘汰),成为中国首名参加奥运会的运动员。1936年,第十一届奥运会在德国柏林举行,这是中国第一次派正式体育代表团参加奥运会,代表团共139人(运动员69人)。参加了田径、游泳、举重、拳击、自行车、足球、篮球7项比赛,但仅有符宝卢获撑竿跳决赛权(成绩3.80米),其余全部被淘汰。1948年,第十四届奥运会在英国伦敦举行。中国派出了53人的代表团,其中运动员33人,参加了田径、游泳、篮球、足球和自行车共5个项目的比赛,结果未能取得任何名次。

中国人民体质羸弱、健康状况很差的局面,国家十分重视体育运动的发展,"发展体育运动,增强人民体质"由此成为一个时代的强音。由于旧中国体育运动一穷二白,新中国的体育事业白手起家,经历了一个从无到有、从弱到强的发展过程。从 1949 年新中国成立一直到 1959 年,容国团才为新中国获得第一个世界冠军。为了迅速提高我国的竞技体育运动水平,我国开始在全国各地建立起大量的体育工作队伍,新中国的运动员群体开始逐步形成。运动员的退役也由此开始作为一个社会现象而存在。

改革开放以后,中国体育发展步入快速发展的轨道,举国体制的实行一方面推动了中国体育运动的开展,使中国迅速成为体育大国;另一方面,以运动为职业的运动员群体迅速扩大。随着中国体育的崛起,体育明星们成为社会大众的偶像,一举一动都受到人们的热情关注。从 20 世纪 80 年代的郎平、李宁,90 年代的邓亚萍到 21 世纪风靡全国的姚明、刘翔,体育明星已不再只是运动员的代言者,而且对大众生活产生越来越深刻的影响。但是,体育赛场的竞争是残酷的,能够脱颖而出并非易事,在体育明星的背后,是一个庞大的呈现金字塔结构的普通运动员群体(见图1)。作为运动员这一职业的主体,普通运动员群体的生活状态或者说生存状态才是我们更应关注的对象。

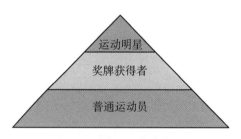

图 1　运动员群体结构图

始于 20 世纪 70 年代末的轰轰烈烈的改革浪潮,带给中国的是社会主义市场经济的确立和社会物质文明和精神文明的飞速发展。经过多年的改革开放,中国社会已经进入"GDP 人均 3 000 美元的转型期"。中国体育在"奥运争光"计划的指引下跻身世界体育大国的第一集团。高速发展的中国体育在为国家带来巨大荣誉的同时,产生了大量默默无闻的退役运动员。本研究即以此群体为研究对象。21世纪,随着社会个体对日常生活关注度的增强,运动员这一特殊群体的退役生活开始进入人们的视野。举重冠军搓澡、体操冠军卖艺、亚洲冠军当保安、世界冠军开小食品店等事例的发生,与我们通常所认知到的体育明星们的生活相差甚远。上述案例带给我们的冲击是全方位的,也成为本研究关注运动员这一群体退役生活的缘起。通过探究普通运动员的退役生活,可以使中国现代的社会生活史研究更趋全面,从而实现更好地由下向上地反映历史,因此,对运动员的退役生活史进行深入研究就成为一个具有现实意义的研究课题。

与其他已经进入奥林匹克运动会的运动项目相比,武术是中国特有的民族传统体育项目,虽然已经成为亚运会正式比赛项目,并且在全世界范围内定期举办世界杯比赛和世界锦标赛[①],但武术运动在世界范围内的发展规模和影响力与奥林匹克运动项目相比依然有很大差距。即使是在国内,许多奥林匹克运动项目的社会影响力也远高于武术运动,武术由此而成为一项"普通"的运动项目。由此,武术运动员除去个别的如李连杰之外很少能够进入社会大众的视野,这就使得他们的生活更"普通",更能体现运动员群体中普通运动员的生活状态,从而可以为研究提供一个相对具有普遍意义的运动员生活轮廓。同时,武术运动由于其文化内涵、传承方式、评判标准、技术体系复杂性等特殊性因素的存在,从事武术运动对于一个人终生事业的选取较其他运动项目的影响更为深入,由此,深入探讨运动员的退役生活与运动技能之间的逻辑关系就具有了可行性。而且,作为民族传统体育

---

① 国家武术研究院编纂:《中国武术史》,人民体育出版社,1997 年,第 441—442 页。1990 年北京举行的第十一届亚运会上武术被列为正式比赛项目;1991 年 10 月,在北京举行了第一届世界武术锦标赛。

项目,武术是中国传统文化的凝结,将武术运动员的退役生活作为研究中国传统文化对运动员个体产生影响的视角,可以深入探讨中国传统文化与运动员运动技能及生活之间的内在关系,使研究兼具现实意义和历史意义。

山西是中国中部的一个内陆省份,经济发展和体育运动成绩[①]总体上都处于全国中游偏下的地位,在全国范围内具有"普通"的代表性,山西运动员由此为我们提供了一个研究中国运动员生活的"普通"范本,从而使本研究有别于以往针对明星运动员生活的研究。同时,武术作为山西的一个优势项目,多次取得全国冠军和世界冠军,形成了一个较为优秀的运动员群体。由此,以山西省武术运动员作为本研究的主要研究样本可以比较准确地反映了当下中国运动员具有普遍性的生活状态。

运动员由入队前的普通青少年进入运动队后,在长期的运动训练中逐渐形成一套准军事化的生活体系,实现了一次生活秩序的新建构,建立了十分严格的新生活秩序;退役对运动员而言首先意味着运动员的生活秩序被"打破",而退役后的"新"生活首先面临的就是运动员个体生活秩序的再次"重建"。与普通人的生活秩序建构所不同的是,运动员是一个相对特殊的群体,他们有自己的运动技术特长,在长期运动生涯中形成了十分规训的生活秩序,文化水平和受教育程度与普通社会个体相比也有明显不同。基于这样的基本认识,运动员退役后就必然面临生活秩序的重建。由此,对运动员退役生活的研究就与运动员生活秩序的打破与重建形成了逻辑上的对应,从而形成本研究的基本逻辑起点。

新中国成立以后,运动员群体的产生与全国性的运动比赛紧密相

---

① 据国家体育总局全运会成绩排名的统计:在第八届至第十一届运动会上,山西代表团的成绩介于第17—19名之间,其中1997年上海八运会居19名,2001年广州九运会居17名,2005年江苏十运会居19名,2009年山东十一运会居17名,居于中等偏下的位置。

关。为了推动我国体育运动的发展，国家体委①决定于1959年举办第一届全国运动会。为了备战第一届全国运动会，全国各地开始大量建立各运动项目的专业运动队伍。1958年，山西省武术队在这样的时代背景下建立②，山西省武术运动员群体由此开始形成。随着各省市自治区运动队伍的建立，新中国成立以后的体育事业也开始进入第一次快速发展时期。2008年，北京奥运会成功举办，中国体育第一次在奥运会上登上金牌榜第一的宝座，走上奥林匹克运动的巅峰。中国如何实现从体育大国向体育强国的迈进成为新的时代课题。为了适应这一时代要求，中国的体育制度面临新的变革。从1959年中国体育的第一次快速发展到2008年北京奥运会后中国体育如何实现从体育大国到体育强国转变这一问题的提出，50年间，中国体育实现了从一个体育弱国向体育大国的转变，体育事业取得了前所未有的发展，运动员群体作为发展主体为中国体育的发展作出了卓越的贡献。由此，研究这一时段的运动员退役生活对于研究中国体育的发展、探究中国体育人的生活历程具有重要价值。基于此，本研究选择以1958年作为研究时间范围的上限，以2008年作为研究时间范围的下限，将这一时段作为本研究的时间界限。

  基于以上分析，本研究试图通过对运动员生活秩序的建立、打破与重建的叙述，通过对相关文献与档案的搜集与整理，以及众多运动员生活资料的搜集和大量的口述史访谈，对运动员在新中国成立后几十年间的退役生活进行深入细致的叙述与分析，从而实现对运动员群体社会生活的历史建构，并进一步探讨社会变迁对运动员群体生活产生的影响，希望通过对运动员退役生活的深入研究能够使社会给予运动员群体的退役生活以更多的关注，并在相关层面重视和解决他们生

---

① 1952年11月15日，国家体育运动委员会成立；1998年3月24日，改组为国家体育总局。国家体委是主管全国体育工作的职能部门。
② 景永魁，《山西体育机构、人事之沿革》，《山西体育文史》1986年总第6辑。另据采访张希贵，采访者田文波，2015年3月12日，地点：张希贵寓所。

活所遇到的困难，为国家相关安置政策的制定提供一定的实证支持，为国家相关体育政策的制定提供有益的理论支持和实践参考。

二、选题的意义和价值

第一，2008年北京奥运会的举办，代表着中国体育在21世纪终于登上世界的巅峰。中国已经成为世界体育大国，正在向世界体育强国转变。运动员是中国体育发展的主体，做好运动员退役安置工作是中国体育强国建设的重要支撑，对于中国体育事业的可持续发展具有重要意义。本研究以山西省武术运动员作为主要的研究样本，着眼于运动员退役生活这一主题，深入探索中国运动员退役安置工作这一重大问题，以期为新时期中国体育发展战略的制定提供理论支持，推动武术在世界范围内更好开展，推动中国传统体育文化在世界范围内的传播与发展，进而推动中国建设世界体育强国目标的早日实现。

第二，本研究通过对运动员生活史的研究，尝试拓宽现代生活史的研究范围，丰富现代社会生活史的研究内容。以往的研究对于运动员的关注更多是在竞赛场上，而对运动员退役生活的研究目前尚未引起足够的重视。本研究从运动员个体的角度，通过叙述运动员在退役过程及退役生活中的所思、所想、所做，展示运动员生活的"全景"，使运动员不再只是以往社会视野中"运动"个体的简单形象，而成为日常生活状态中丰满的"个体"，进而改变目前运动员生活文本的单一呈现，构建一个完整的运动员生活史形态。

第三，运动员是一个比较特殊的社会群体，在我国特殊的国家体育体制中受国家政策的影响十分深刻。本研究通过对运动员生活史的叙述来观察思考社会生活的变迁，反映出国家与运动员个体生活的一种互动的逻辑关系，并通过研究为国家相关政策的制定提供理论层面和实证层面的支持。

第四，本研究通过对运动员生活秩序的建立、打破与重建的基本状况的叙述,揭示运动员从 20 世纪 50 年代以来,如何从拥有全方位国家保障的"国家的人"转换为自食其力的普通社会个体的历史脉络,为新中国建立以来尤其是改革开放以来运动员个体的生活史研究提供一个研究的范本,从而更深刻地了解当代社会变迁视野中中国社会个体生活秩序变迁的历史演绎,推动对普通社会个体生活状态的关注。

三、研究方法

本研究属于历史学和社会学的交叉研究,笔者希望突破传统的学科局限,将运动员的退役生活置于宏阔的社会历史背景之下进行分析,从而探求这一命题的历史意义和社会现实意义。本研究主要采用文献资料研究方法,通过对相关档案、报刊、著作、论文以及运动员个体的口述资料的梳理,完整地呈现山西省武术运动员退役生活的基本历史状态和历史脉络,诠释国家与运动员个体生活之间一种互动的逻辑关系。

在具体的撰述过程中,本研究采用宏观社会研究与微观个案研究相结合的方法,以运动员生活为主线,以体育管理机构的政策、文件,教练员、运动员、官员的谈话,有关运动员的文章报道,运动员的职业生涯回顾,运动员的口述史材料等作为主要材料,以报刊宣传材料、新闻报道、期刊文章等为辅助材料,探讨运动员在运动生涯和退役后每个生活阶段的自我认知、思想冲突、具体行动,运动员在每一历史阶段受到的社会影响及其不同的应对表现。探究随着社会环境和具体生活条件的变化,运动员群体从运动员到普通公民的社会角色认同的演变,从而实现对运动员生活史的清晰表述和深入研究。

在研究进程中,为了对运动员的职业生活和退役生活有更准确的叙述,本书采用了口述史的研究方法。对山西省退役的武术运动员进行了大量的采访,整理出具体的口述资料,作为研究的材料支撑。同时,通过对自行车和摔跤项目退役运动员的采访,来为武术运动员的口述资料进行相应的佐证,从而使口述研究材料能够准确地反映出生活的真实状态。

四、文献综述

随着新史学的兴起,"小写历史"蔚然成风,对于历史的表述也从以往着重于大历史观转向特定问题,从更多专注于精英人物活动的历史研究转向研究发生在自己身边的事情[①]。马克思曾指出:"现代历史著述方面的一切真正进步,都是当历史学家从政治形式的外表深入到社会生活深处时才取得的。"[②]受马克思主义的影响,"当代社会史学的重要特点之一是注重社会下层群众历史活动的研究"[③]。20 世纪 50 年代至今,中国的社会结构发生了巨大的变化,关于这一时期的社会变迁,诸多学者进行了深入细致的研究,如严昌洪对 20 世纪中国社会生活的历史变迁进行了详细的叙述[④],李强、李友梅等从社会学的视角对改革开放以来的社会变迁进行了分析研究,对社会变迁与国家制度演变的逻辑关联进行了探讨[⑤],杨继绳、林毅则对当代中国的社会阶级与阶层的演变进行了分析[⑥]。上述研究为本研究的开展提供了借鉴。本书对山西省武术运动员退役生活的研究即是针对运动员这一特定群体的社会生活而展开的。

---

① 王晴佳:《新史学讲演录》,中国人民大学出版社,2010 年,第 7 页。
② 《马克思恩格斯全集》第 12 卷,人民出版社,1956 年,第 450 页。
③ 王先明:《走向社会的历史学——社会史理论问题研究》,河南大学出版社,2010 年,第 71 页。
④ 严昌洪:《20 世纪中国社会生活变迁史》,人民出版社,2007 年。
⑤ 李强主编:《中国社会变迁 30 年(1978—2008)》,社会科学文献出版社,2008 年;李友梅等:《社会的生产:1978 年以来的中国社会变迁》,上海人民出版社,2008 年。
⑥ 杨继绳:《中国当代社会阶层分析》,江西高校出版社,2011 年;林毅、张亮杰:《新中国阶级阶层社会结构演变历程》,世界知识出版社,2011 年。

对于运动员退役相关问题的研究,诸多学者从不同的角度作出了积极的探索,从运动员退役后的就业与安置状况,退役运动员的安置制度、保障体系,运动员退役后的职业培训、继续教育等方面进行了分析,为本研究提供了材料支撑。由于退役运动员首先是作为社会问题而进入研究视野的,所以,以往的研究大多从社会学的视角展开。

1. 退役运动员问题的理论模型构建

与中国在相当长的时间内由国家负责运动员的退役再就业不同,西方体育发达国家并不存在国家包揽运动员退役再就业问题。但在欧美国家市场经济体制下,一直存在许多运动员在青少年时期全身心投入运动训练与比赛,体育生涯结束后却无法适应社会、立足社会的社会问题。所以,西方国家亦开始关注高水平运动员退役问题,虽然他们的研究起步较晚,只是近十几年才开始,但他们却取得了相当的成功,学者们从人生发展角度来探讨运动员退役与退役问题,并借鉴一些重要的理论模式进行相应的理论模型构建。罗森伯佫(Rosenberg)认为运动员的退役类似于社会死亡。"社会死亡"的主要特征是社会孤立和被以前所属团体抛弃。[1] 迈克佩尔森(McPherson)在讨论运动员退役的职业和心理适应问题时建议一些与社会年龄学有关的理论可能具备某些应用潜力。[2] 斯科尔斯伯格(Schlossberg)的变迁模型主要包括有3个相互作用的因素影响(对变迁的)适应过程:(1)变迁的特征,如变迁过程的诱发因素、时机、根源、持续时间、角色变化、当时的主要应激状况以及个体以往对于变迁的经验等。(2)个体的特征,如个性及人口学特征、社会经济状况、性别角色、年龄及所

---

[1] Rosenberg E., Athletic Retirement as Social Death: Concepts and Perspectives, in Theberge N., Donnelly P. (Eds.), *Sport and the Sociological Imagination*, Texas: Texas Christian University Press, 1982.

[2] McPherson B. D., Retirement from Professional Sport: The Process and Problems of Occupational and Psyghological Adjustment, *Sociological Symposium*, no. 30 (1980), pp. 126 – 143.

处的人生阶段、健康状况以及一些心理学特征如自我发展、性格、人生观、能力与价值、(应激)应付技巧等。(3)环境的特征，如社会支持系统以及在竞技体育体系之外能为运动员提供的选择等。以上三方面的因素被认为是一种潜在的有利或不利的资源，根据个体对于情境（退役）、自身及所处环境的主观评价而变化。[1] 尽管西方发达国家和我国的退役运动员问题有相当大的差异，但西方学者的理论研究无疑为我们提供了新的思路。

2. 退役运动员就业与安置状况研究

退役运动员作为一个特殊的社会群体，近年来得到了社会的高度关注，退役运动员就业与安置状况由此成为研究重点。关于退役运动员的就业与安置状况，学者们既有整体性分析，也有特定地区、特定项目的思考。

陈林祥通过对我国优秀运动员退役安置的现状及存在的主要问题进行调查与分析，提出了继续发挥政策安置的作用，加强对优秀运动员的培训工作，建立优秀运动员的社会保障体系，鼓励退役运动员上大学，建立货币补偿安置的办法等符合现阶段我国退役优秀运动员安置需要的对策。[2] 蒋兴宏等对退役运动员再就业困难的原因进行了分析，并归纳出政策不够完善、整体就业形势严峻、运动员自身科学文化知识匮乏和竞技体育体制改革滞后等导致就业困难的主要原因。其从解决退役运动员再就业问题的必要性和产生退役运动员再就业问题的原因出发，进行初步的理论分析，提出了在现有体制下解决这一问题的对策。[3] 孙嘉择等认为退役运动员再就业困难主要体现在三个方面：退役运动员就业表现整体困难，形势越来越严峻；偏门项目运动员就业更为困难，诸如体操项目、跳水、皮划艇、摔跤、举重等大众普

---

[1] Schlossberg N. K., *Counselling Adults in Transition*, New York: Springer, 1984.
[2] 陈林祥:《我国优秀运动员退役安置的现状及对策研究》,《体育科学》2004年第5期。
[3] 蒋兴宏、王宇颖、张淑华、方华:《退役运动员安置现状的调查与反思》,《沈阳体育学院学报》2005年第2期。

及比较低的项目;伤病运动员就业或工作均较为困难。其提出既要重视退役伤病运动员的就业问题,更要重视现役运动员的身体健康问题。① 杨海利总结了目前影响我国退役运动员再就业的各种因素:自身的整体素质偏低、社会适应性较差、社会保障制度不到位、体育产业发展滞后等,并提出了完善社会保障制度、加强职业教育、提高运动员文化知识水平、加大政策性安置力度、大力发展体育产业以及运动员的职业化等措施。② 李和标则认为退役运动员再就业困难与运动员再就业政策和制度相对落后有联系,与运动员再就业培训落后相关,应分析退役运动员就业困难的原因,并采取相应对策。③

在对我国退役运动员的就业与安置进行宏观研究之外,诸多学者也对我国某一地区的退役运动员的就业与安置进行了研究。如李卫红对中部地区的湖南、湖北、河南、江西、安徽、山西六省退役运动员就业安置现状进行了分析。研究结果认为:中部地区在1998—2006年期间,退役运动员组织安置人数呈逐年下降的趋势,大量退役运动员长期滞留在队,退役运动员待安置率逐年上升,待安置年限不断延长;退役运动员就业渠道不畅,就业率偏低。④ 闫静对江苏省退役运动员就业现状进行了分析,提出鼓励退役运动员自主择业的多种操作形式等新对策。⑤ 张蕾对河南省退役运动员再就业现状⑥、于萍对吉林省退役运动员就业安置现状⑦、郑继全对辽宁省2001—2009年退役运动

---

① 孙嘉择、张中印、李建民:《我国退役运动员就业困难的三大表现》,《体育科技文献通报》2011年第10期。
② 杨海利:《现行体制下我国退役运动员再就业问题研究》,《宿州学院学报》2011年第8期。
③ 李和标:《运动员再就业"难"的探讨》,《长江大学学报(社会科学版)》2011年第5期。
④ 李卫红:《我国中部地区退役运动员就业安置现状与对策研究》,武汉体育学院硕士学位论文,2007年。
⑤ 闫静:《江苏省退役运动员再就业现状分析与对策研究》,扬州大学硕士学位论文,2009年。
⑥ 张蕾:《河南省退役运动员再就业现状分析》,《体育文化导刊》2011年第8期。
⑦ 于萍:《我国退役运动员就业安置现状与对策研究》,北京体育大学硕士学位论文,2010年。

员的就业安置方式①、马国祥对上海市退役运动员就业安置现状②都进行了深入的研究,并从政府管理和运动员个人发展的层面分别提出了相应的对策。

此外,学者们对特定项目的退役运动员的就业和安置进行了分析研究。郭崇冰对2003—2009年7年间我国优秀散打运动员的就业安置进行了分析③。赵保强等对优秀武术套路运动员退役就业安置存在的问题以及影响因素进行了系统研究。④ 朱红燕在对甘肃省武术套路专业运动员退役就业现状分析基础上提出了相应对策。⑤ 李财福对沈阳市退役运动员生活满意度和社会支持度进行了调查分析,并得出退役运动员生活满意度水平相对较低,退役运动员生活满意度与社会支持呈明显的正相关,不同性别、不同运动等级、不同项目、不同年龄、不同文化程度、不同婚姻状况的退役运动员在生活满意度和社会支持的各维度间得分存在差异等结论。⑥

另外,有学者对退役运动员的安置途径和职业转换模式进行了分析。如兰保森等提出了我国退役待安置运动员的安置途径⑦;李燕荣基于职业转换过程理论,对我国退役运动员职业转换模式进行剖析,提出我国运动员自我职业转换能力低、退役前后心理、情绪反应大等,

---

① 郑继全:《辽宁省2001年—2009年退役运动员就业安置方式探析》,西南大学硕士学位论文,2010年。
② 马国祥:《上海市退役运动员就业安置现状调查研究》,上海体育学院硕士学位论文,2010年。
③ 郭崇冰:《优秀散打运动员退役后就业安置现状研究》,上海体育学院硕士学位论文,2010年。
④ 赵保强、王继强:《武术套路运动员退役就业安置存在的问题及影响因素的研究》,《军事体育进修学院学报》2011年第1期。
⑤ 朱红燕:《甘肃省武术套路专业运动员退役就业现状分析与对策研究》,北京体育大学硕士学位论文,2008年。
⑥ 李财福:《沈阳市退役运动员生活满意度和社会支持的调查研究》,沈阳师范大学硕士学位论文,2011年。
⑦ 兰保森、侯会生:《我国退役待安置运动员的安置途径探析》,《成都体育学院学报》2010年第9期。

需要在职业转换工作中加以重视。①

3. 退役运动员的社会流动与角色转换研究

运动员的退役对其自身而言直接面临的就是社会流动和社会角色的转换,分析退役运动员的社会流动和角色转换可以使我们更清楚地认知退役运动员与社会大背景的互动,从而厘清退役运动员的社会流动与生活选择走向,使退役运动员的研究与社会学和社会史研究联系起来。焦万芹从社会学的视角,以社会流动机制为主线,以湖南省女性退役运动员的社会流动状况为出发点,对2000—2006年湖南省女性退役运动员社会流动的状况进行研究。研究认为,就业安置政策、运动员的运动成绩、运动项目、文化程度、综合素质、社会关系、家庭出身、户籍身份、工作能力、年龄等对湖南省女性退役运动员的社会流动起着重要的作用;湖南省女性退役运动员社会流动中存在退役运动员缺乏必要的职业指导、综合素质不高、就业渠道狭窄、社会保障体系不完善等问题;完善湖南省女性退役运动员的社会保障体系,建立就业培训制度,拓宽就业安置渠道,鼓励退役运动员自主择业,完善退役安置的各项政策,继续发挥政策安置应有的作用,成立退役运动员就业基金会,建立湖南省体育人才信息管理系统,加强对运动员的文化教育、转变观念、营造退役运动员再就业的良好氛围等,可以促进湖南省女性退役运动员的社会流动。② 匡梨飞等从社会角色的概念入手,对运动员担当的角色形式进行了论述,重点对我国优秀运动员角色转换情况以及运动员社会角色存在的问题进行了分析,并提出了我国优秀运动员实现成功角色转换的策略:拓展多方渠道,提供就业机会;帮助退役运动员制定退役后的职业规划;发挥社会各界的情感支持作用。③ 李小婉在阐述社会流动的基本理论和运动员流动趋势的基础上,分析了运动员在社会流动中存在的问题以及社会资本等因素对

---

① 李燕荣:《我国退役运动员职业转换模式剖析》,《商业时代》2011年第36期。
② 焦万芹:《湖南省女性退役运动员社会流动研究》,湖南师范大学硕士学位论文,2008年。
③ 匡梨飞、龚卉:《我国优秀运动员社会多角色转换研究》,《赤峰学院学报》2011年第8期。

运动员社会流动带来的影响等方面进行研究,特别是对运动员向下层流动的现象作了详细描述。①

4. 退役运动员的安置制度与社会保障体系研究

举国体制既对我国体育运动水平的提高起到了至关重要的推动作用,也对我国体育运动的方方面面产生了深远的影响。作为一个社会问题,退役运动员的安置问题与国家的安置制度和保障体系的构建有着紧密联系。许多学者对退役运动员的安置制度与保障体系进行了详尽分析。李琳瑞等以已经颁布实施的退役运动员安置政策为依据,结合退役运动员安置难这一社会现象,从历史演进路径入手对退役运动员安置政策进行了文本解读。研究认为,退役运动员安置经历了强调"妥善、得当"、注重公平、注重效率,兼顾公平和注重效率与公平并重三个阶段;安置政策发展中存在着政策目标过于短视、政策措施的调整与政策环境变化不适应和政策的负效应逐渐凸显等问题;建议以社会公平为基点,调整安置政策,改革运动员培养体制,走"院校化"的运动员培养道路,从根本上解决退役运动员安置问题。②

关于退役运动员保障体系,陈林祥等从理论上探讨了我国优秀运动员社会保障的未来发展目标与原则,并在此基础上提出了我国优秀运动员社会保障体系应由优秀运动员的社会保险、伤残保险、就业安置和社会福利与优抚几部分构成。③邹德新和刘建运用新制度经济学供给——需求分析方法,对中国运动员社会保障制度变迁进行实证分析。研究结果表明:我国初步建立了与市场经济体制和竞技体育"举国体制"相适应的运动员社会保障制度目标框架;优秀运动员的收入水平、家庭情况和风险意识是影响社会保障制度需求的显著因素。在运动员社会保障制度建设的关键时期,建议通过完善制度设计,解决

---

① 李小婉:《我国竞技运动员社会流动分析》,《湖北体育科技》2011年第1期。
② 李琳瑞、刘峥:《退役运动员安置政策的演进研究》,《北京体育大学学报》2011年第2期。
③ 陈林祥、李业武:《我国优秀运动员社会保障体系的研究》,《武汉体育学院学报》2002年第3期。

历史遗留问题,发展补充社会保险,实施积极的就业政策,建设法律保障体系,进一步完善制度体系,实现运动员社会保障制度的供求均衡,规避运动员人力资本投资风险。① 王峰对完善我国运动员社会保障制度进行了思考。研究结果认为:必须提高运动员的工资及福利水平,将运动员纳入城镇社会保障体系并在待遇享受上予以适当照顾。鼓励与运动员切身利益相关的商业保险的发展,拓宽筹资渠道,加快"运动员伤残互助保险"的发展,在国家对优秀运动员及残疾运动员承担起安置责任的基础上,建立"退役运动员安置基金"。② 刘凤婷认为,我国运动员社会保障管理体制现状正伴随着社会的发展不断进行调整和完善。这些制度的建立和完善,直接影响到我国体育事业的发展。在分析我国运动员社会保障管理体制现状,借鉴西方国家运动员社会保障管理体制模式及其启示的基础上,提出了构建我国运动员社会保障管理体制的法律制度思考,以期对我国运动员社会保障管理体制法律制度的建立和制定有所裨益。③ 汪泳以江苏省为例对退役运动员保障政策进行了个案分析,通过对现有退役运动员的保障政策进行归纳,从社会保障政策到体育系统内保障政策,从退役运动员自我保障到商业保险进行研究,最后提出进一步加强和完善退役运动员保障政策的对策建议。④

5. 退役运动员的继续教育和职业培训研究

运动员退役后无论进入社会,还是融入生活,都面临着职业技能和知识结构的更新,对退役优秀运动员开展有针对性的职业技能培训也是非常必要的。所以,关于退役运动员的职业培训和继续教育研究也是热点之一。姚小林认为,我国退役运动员职业技能培训体系的建

---

① 邹德新、刘建:《我国运动员社会保障制度的变迁与完善》,《首都体育学院学报》2010年第4期。
② 王峰:《完善我国运动员社会保障制度的思考》,《体育科学研究》2011年第1期。
③ 刘凤婷:《构建我国运动员社会保障管理体制的法律制度思考》,《体育与科学》2006年第4期。
④ 汪泳:《退役运动员保障政策之研究》,南京理工大学硕士学位论文,2010年。

立是解决退役运动员再就业问题的必要手段之一,是造就新型复合型运动人才、促进运动员全面发展,体现"以人为本"、构建和谐体育的重要举措。在对影响我国运动员职业技能培训的因素分析中,其发现领导是否重视、运动员本身的认识、培训的具体内容、培训的时间和经费保障等几个方面占了很大比例。① 退役运动员人力资源是我国体育事业发展过程中不容忽视的一种资源,开发利用退役运动员人力资源是合理利用人力资源建设体育强国的有效形式。张骑认为我们应结合当前退役运动员的现状,大力开发退役运动员人力资源,加强退役运动员人力资源培训,构建退役运动员人力资源开发体系。②

关于退役运动员职业教育与技能培训,黄美好为解决以上存在的问题提出职业转换过渡期制度,对如何有效地进行职业教育与技能培训做了深入调查和实践探讨,并提出了不同类型运动员职业教育与技能培训的设计方案。③ 郁明明和王进等参照国外职业培训模式及相关研究,积极探索研究运动员职业培训模式,进而提出我国实施退役运动员职业技能培训需要从指导思想、培训形式、培训经费、培训内容、组织管理等方面进行。④ 兰政等提出,在高校建立退役运动员职业转换培训基地更有利于退役运动员的培训工作,并对其可能性进行了分析:一是高校强大的师资力量,二是高校具有丰富的教学资源,三是高校具有管理方面的优势,四是高校具有完善的就业指导服务体系。⑤

众多学者对退役运动员这一命题的诸多方面进行了理论研究和实践探讨,为我们继续开展研究提供了丰富的材料支撑和理论指导,

---

① 姚小林:《退役运动员职业技能培训体系的研究》,武汉体育学院硕士学位论文,2006年。
② 张骑:《我国退役运动员人力资源的开发与利用》,《成都体育学院学报》2011年第4期。
③ 黄美好、胡列松、赖晓红、李祯、傅红、蔡进镇:《退役运动员职业转换过渡期职业教育与技能培训形式的探讨》,《浙江体育科学》2010年第5期。
④ 郁明明:《国外职业教育模式及相关研究对我国退役运动员职业培训的启示》,《体育世界》2011年第5期;王进、罗军:《美国、德国和澳大利亚三国职业技能培训特点及对我国退役运动员实施职业技能培训的启示》,《吉林体育学院学报》2010年第6期。
⑤ 兰政、祁丽:《高校建立退役运动员职业转换培训基地的思考》,《西南农业大学学报(社会科学版)》2012年第1期。

但上述研究大都从社会学的视野在宏观范围内展开,从国家、社会和政策调整的视角来分析运动员退役这一社会问题,并提出了相应的对策分析。在已发表的研究中,大多将退役运动员作为冷冰冰的研究对象进行分析,而将退役运动员作为主体、作为鲜活的生命个体的研究却十分少见。值得注意的是,关于运动员退役的分析与研究只有深入运动员个体的职业生活与职业发展,才有可能触及运动员退役问题的核心,仅从制度层面进行研究显然无法对运动员退役这一社会问题进行深入全面的总结。运动员退役这一社会问题的产生与发展有其内在的根源和历史的脉络,如果在研究过程中将退役运动员简单地作为研究对象进行宏观研究可能会使运动员退役这一社会问题失之于粗略,而无法形成正确合理的研究逻辑,得出的研究结论就无法对症解决社会问题,这就需要研究者在研究路径与研究方向上实现新的转变和突破。

运动员退役作为社会问题进行研究,既需要以往宏观的研究范式,也需要将运动员本体作为研究核心,对运动员退役后基本生活状况及其变迁的过程进行深入细致的微观分析,这就是本书选择研究路向的主要原因。由此,本书在众多学者研究的基础之上,从社会生活史的视角,以山西省武术运动员作为主要研究样本进行分析,以揭示这一历史时期运动员的退役生活及其与社会变迁的互动关系,遵循运动员职业生活秩序的建立、职业生活秩序的打破、退役后生活秩序的重建这一基本理路,对运动员退役生活秩序的历史演变进行多维度诠释。

五、概念界定与研究的基本理路

1. 概念界定

社会变迁是人类社会普遍存在的一种现象,"泛指任何社会现象的变更。内容包括社会的一切宏观和微观的变迁,社会纵向的前进和后退,社会横向的分化和融合,社会结构的常态和异态变迁,社会的量变和质变,社会关系、生活方式、行为规范、价值观念的变化等"[1]。可以说,社会变迁涵盖了社会发展的方方面面,社会在无时无刻地发生着变化,变迁无处不在,没有任何变迁的社会是不存在的。因此,社会变迁比社会发展和社会进化具有更为广泛的含义,并包括了一切方面和各种意义上的变化。但同时,"变迁是以各种不同的节律在进行,社会时钟有时会变慢,有时又会加快。在有些时期与时代会相对停滞,也有些时期与时代会发生伟大变革"[2]。因此,社会变迁在不同历史时期带给人们不同的历史感。

社会变迁反映出社会历史进程的发展变化,是深入进行历史学研究和社会史研究不可忽视的重要途径。新中国成立以后,中国取得了前所未有的快速发展,社会变迁由此成为研究的宏阔历史背景。同时,社会变迁所涵盖内容的广泛又决定了运动员个体生活秩序的打破与重建本身就是社会变迁的组成部分。由此,运动员生活的主题不再只是社会变迁宏阔历史背景下的外在呈现,更是宏阔历史的内在组成。

在本书中,社会变迁以我国社会变迁和运动员个体生活秩序的打破与重建作为基本的论述起点。从1958年到2008年,中国的社会发展从社会主义初步建设进入小康社会建设时期,从社会主义计划经济的建立到社会主义市场经济的确立,中国发生了重大的社会变迁,带给中国人民的社会生活以深远的影响。作为中国社会中的一个群体,运动员不可避免会受到社会变迁的影响,其职业生活和退役生活都发生了深刻变化。社会主义计划经济体系下,国家对运动员实行准军事化管理,对运动员生活完全供给以及对运动员退役全面安置;而在社会主义市场经济时期,运动员在役期间的生活依然由国家进行保障,

---

[1] 邓伟志主编:《社会学辞典》,上海辞书出版社,2009年,第23页。
[2] 彼得·什托姆普卡:《社会变迁的社会学》,林聚任等译,北京大学出版社,2011年,第3页。

但退役安置则逐步走向自主择业,这一变化对运动员生活秩序的重建产生了深远影响。

由此,社会变迁作为中国社会历史进程的重要表现,成为运动员生活秩序打破与重建的宏阔历史背景,成为推动运动员生活秩序打破与重建的根本力量,尤其是社会制度层面的变迁直接推动了运动员生活秩序的不同呈现和重建生活秩序不同途径的出现。运动员生活秩序的打破与重建作为社会变迁的重要组成和外在表现,是运动员这一特定群体对中国社会发展自我调适的结果,同时也通过群体自身生活秩序的变迁与社会的其他变革形成互动逻辑,影响了社会制度层面的政策调整。所以,社会变迁在本书中既是运动员生活秩序打破与重建的宏阔历史背景,也是运动员生活秩序打破与重建的历史表达。

社会变迁中社会生活是永恒的主题,生活是人或生物为了生存和发展进行的各种活动,也指人的衣食住行等方面的情况。在哲学家视野中,"生活,就是人的所有生命活动及其创造物的总和,它内在地包含着三个要素:从事生命活动的主体——人、人的生命活动、人的生命活动的创造物——环境。其中,生命活动是生活的实质和核心:生命活动的进行既是人的本质的展开过程,也是环境的创造过程"[1]。参考上述生活概念的有关界定,本书中的生活是指人为了生存和发展进行的各种活动。

有了生活,就会有秩序的抽绎。秩序是指有条理、不混乱的情况。秩序的呈现是多维度的,其中对社会发展而言最具影响力的是社会秩序。社会秩序是指"社会的正常而有规律的活动状态"[2]。在一定的社会秩序规约之下就会产生相应的社会生活。由此,生活秩序就是生活的正常而有规律的活动状态,由生活活动条件、生活活动主体和生活活动形式等要素来决定。

---

[1] 马拥军:《生活哲学的对象和方法》,《哲学研究》2004年第5期。
[2] 邓伟志主编:《社会学辞典》,上海辞书出版社,2009年,第25页。

人作为社会个体,是社会系统最小的组成部分,每一社会个体生活的集合最终形成社会生活的庞大系统。社会生活是指"人类社会的生活系统,有广义和狭义之分。广义指整个社会物质和精神的活动。狭义指社会的物质生产活动和社会组织的公共活动领域以外的社会日常生活。广义的社会生活中与经济生活、政治生活、精神生活相对应的社会生活,就是指社会日常生活。基本要素分为生活活动条件、生活活动主体和生活活动形式三部分"①。在生活进程中,在社会制度和社会环境的规约下,不同的社会个体形成了不同的生活秩序。生活秩序的维系主要依靠两个重要因素:社会制度和习俗。社会制度和习俗发挥作用的领域各有侧重:非日常生活领域主要依靠法律和行政秩序等社会制度加以维系和调节;日常生活领域"本质上是一个习惯世界、习俗世界",日常生活的秩序主要依靠习俗来加以维系。所以,每一个社会个体的生活秩序在其形成过程中都要受到法律、行政管理和生活习俗等因素的影响。

由上述可知,生活秩序的形成与变迁是社会客观因素和个体主观因素共同作用的结果,并受到主客观因素的制约。生活秩序的研究因社会个体的差异性而产生不同的研究结果,但针对于不同的社会个体,研究的基本逻辑应当是一致的。这就需要研究过程中对生活秩序的基本维度进行抽绎,从而实现对特定社会群体生活秩序的概括和总结,使研究结果能得以整体呈现,而非碎片化呈现。据此,我们对生活秩序的基本维度做如下概述:生活中的时间管理、生活中的职业内容、生活的基本保障、生活目标与人生价值的追求及实现等内容构成了社会个体构建自己生活秩序的重要维度。通过对上述维度的细致研究实现对运动员生活秩序变迁的整体把握。职业选择由于往往与上述的几个维度形成社会关联,因而成为个体生活秩序建构时重要的甚至是决定性的影响因素。基于这样的基本认识,本研究关于运动员生活

---

① 邓伟志主编:《社会学辞典》,上海辞书出版社,2009年,第7页。

秩序的相关讨论将以上述几个维度在社会变迁中的相关变化作为研究的核心内容。

运动员在长期的运动生涯中形成了十分规训的、固化的生活秩序,运动员退役后,无论出于主动抑或是出于被动都不可能继续维系曾经的生活秩序,因此,生活秩序的打破就成为运动员生活史进程中的必然,生活秩序的重建由此而成为退役运动员们必须面临的生活必然。在本研究中,重建生活秩序主要是指运动员退役后新的生活秩序的重新建构。如前所述,生活秩序的几个基本维度依然是本研究关于生活秩序重建的基本内容。

在本研究中,对于运动员的界定是指进入省级及以上专业运动队伍的专业运动员。本研究中的山西省武术运动员是指1958年至2008年间进入山西省武术队的正式专业运动员。

退役通常是指竞技体育运动员因年龄、身体等原因终止其所从事的体育运动。在本研究中退役是指其专业运动员离开专业运动队伍,结束专业运动生涯,不再享受国家给予的专业运动员的相关待遇。

2. 研究的基本理路

社会变迁是讨论运动员生活秩序打破与重建的前提,根据前述的斯科尔斯伯格(Schlossberg)的变迁模型,主要有变迁特征、个体特征和环境特征三个相互作用的因素影响运动员对社会变迁的适应过程。所以,对运动员退役生活秩序打破与重建就从国家政策的演变、个体的反应与调适以及社会发展进程中退役就业的环境变化等方面来展开研究。随着我国改革开放的深入进行,国家政策调整是历史发展的必然,由此,社会变迁所引起的国家政策的演变是运动员生活秩序打破与重建过程中的关键因素,政策演变使运动员们的退役生活秩序建构不断发生变化,同时也为运动员们退役生活秩序的建构提供了基本的政策保障。运动员作为社会个体,对改革开放以后我国经济发展和国家政策演变有着不同的反应,有主动反应也有被动反应,从而对退役生活秩序的建构产生了深远的影响。社会变迁使运动员退役的就业环境发生重大变化,在客观条件上奠定了运动员退役生活秩序构建的社会基础。运动员退役后生活秩序重建过程中众多问题的呈现推动了国家相关政策的调整,并在此基础上逐步完善运动员退役生活保障体系,使运动员退役生活秩序的构建逐步走上良性发展的轨道,避免了更多极端现象的发生。当然,从历史的发展来看,社会变迁的持续进行导致运动员生活秩序的重建依然是一个动态变化的过程,既不是简单回到运动员时期的生活秩序,也不是一种固定的静止的状态,而是一种不断变化、完善到圆满的过程,这既是他们适应时代变化主动的选择和调整,也是他们对理想的生活、美好的生活、幸福的人生不断追求的过程。生活秩序的重建过程在社会变迁视阈中将不断产生新的问题,新的问题也将在社会变迁中持续获得解决,这是社会变迁与运动员生活秩序重建的内在互动逻辑。

运动员的退役生活在进入21世纪以后,随着社会关注程度的提高逐渐成为社会热点,但当下关于运动员退役问题的研究,更着重于社会现状的描述和政策因素的分析,缺乏对运动员退役生活秩序发展变迁的深入研究。基于这样的研究现状,本书以山西省武术运动员作为研究的主要样本,通过对运动员的运动生涯和退役后生活秩序的研究,以变迁特征、个体特征和环境特征这三个因素为基本的逻辑起点,通过对运动员生活秩序中的时间管理、职业内容、基本保障、生活目标与人生价值的追求及实现等主要维度的论述,诠释运动员在社会变迁过程中生活秩序打破与重建的基本逻辑,从而为运动员退役生活研究提供一种新的诠释范式。

本研究根据上述基本理路,通过以下六个部分来展开对这一论题的论述。

第一章为导论部分,对本研究的问题缘起、选题的意义和价值、研究方法、研究现状、概念界定与研究理路、研究的重点与难点进行了阐述。

第二章对研究群体进行概述。山西省武术运动员作为本研究的主要样本,是本研究的主要材料支撑和研究的起点。山西一直是武术运动强省,武术运动队长期存在,具有时间上的延续性。伴随山西武术运动的发展,从1958年到2008年,先后有约100人左右的运动员从武术队退役,为武术运动员退役生活的研究提供了丰富的研究对象和具有代表性的研究范本。所以,本研究选择从叙述新中国成立后山西省武术运动员这一群体的基本情况入手,通过对新中国成立以后山西省的武术运动进行总体论述,为本研究提供基础性支撑。

第三章对运动员生活秩序的固化进行分析。运动员在长期的运动生涯中形成了固化的、准军事化的生活秩序,是本研究关于运动员生活秩序打破与重建研究的起点,也是运动员退役生活秩序重建的参照点。因此,本章通过叙述运动员的运动职业生涯的生活轨迹及其社会身份转变与价值追求,诠释运动员固化的生活秩序。运动员是职业选择的结果,每一个成为运动员的人都是普通个体的社会化转型,成为一个"公家人",对运动的热爱、家长的期许是他们做出这一人生选择的主要推动力。要想成为一名专业运动员,必须要经过辛苦的努力,运动员们通过青少年选拔体系、少体校培养、社会学校的输送以及其他项目运动的转项等途径使自己最终走上专业道路。运动员的生活秩序是一种准军事化的生活秩序,从一个普通个体转变为运动员时,面临着一种新的生活秩序的建立。严格有序的生活体系包括运动员严格的时间管理,艰苦的训练比赛,吃、穿、用、住、医疗等国家保障,思想政治与文化教育,为国争光的价值追求。运动员职业生活秩序的确立是在运动员个体的青少年时期完成的,而且运动员在整个运动生涯期间一直保持着这种生活秩序的稳定性。运动员时期的生活既是其退役后生活秩序建构的基础,也对其退役后生活秩序的重建产生了深远的影响。

第四章从退役生活的终结与退役生活的开始这一视角,探讨运动员固化生活秩序的打破。本章主要通过对运动员退役生活的开始、体育制度的变迁及退役运动员的个体心路历程对运动员生活秩序的打破进行诠释。运动员的运动生涯是有限的,政治因素、年龄、伤病、家庭等原因使退役成为职业生活的必然走向。从1958年至2008年,退役运动员在退役后经历了国家安置工作、国家安置工作与自主择业双轨制、完全自主择业等不同阶段的制度变迁。1991年以前,退役运动员的生活以国家安置工作为最主要的特点;1991年以后,随着自主择业的推行,运动员的退役生活开始多样化起来。在退役过程中,运动员们或直接获得相应的较好的安置,或进入高校完成学业,或走向社会面临生活的再次抉择。有的运动员因为国家的原因,在退役后再次选择入队,然后再退役。总之,退役成为运动员一生的重要分界线,退役使运动员不再是一个"国家的人",而成为一个自主的个体。由此,退役打破了运动员在长期运动生涯中形成的固化的生活秩序。

第五章从运动员退役生活的不同走向对运动员生活秩序的重建进行深入分析。运动员从长期的运动生涯中解脱出来,对自己的新生活充满了渴望,希望在旧有的、固化的生活秩序被打破后能够建立起理想的生活秩序。由于运动员曾经远离社会形成了准军事化的职业生活秩序,所以他们对新的生活秩序的建构需要一个适应的过程,而且适应的过程和结果是多样性的。在人生道路重新选择的关头,运动员们新的生活秩序的构建充满了波折。辉煌者、平凡者、失败者构成了运动员群体退役生活的众生相。由于运动员所受的教育普遍相对较少,所以在运动员新的生活秩序的建构中,个人努力往往是多方面的,既包括他们的个人努力,也包括社会给予运动员个体的支持。运动员退役之后所重建的生活秩序已不再是整齐划一的简单生活范式,而是经过多样化职业选择后所建构的多彩的生活秩序。

第六章对20世纪80年代以来社会变迁与运动员生活秩序的重建进行探索,主要分析社会变迁对运动员生活秩序重建的影响和作用。运动员生活秩序的重建是在大的社会背景下展开的,本研究对运动员生活秩序重建的叙述也就不可避免地与社会变迁形成一定的逻辑关联。20世纪80年代以来到2008年的三十年间,是个人自我价值勃发的年代,对退役运动员生活秩序的重建具有相当重要的影响和作用。同时,由于社会变迁的影响,社会上出现了武打影视演员、武术演艺、保镖等全新职业类型,为运动员退役生活提供了多样化的选择。运动员从入队开始就被赋予为国争光的光荣使命,他们通过努力为国家、省、市争得荣誉,成为社会精英,是社会关注的对象。社会变迁使运动员的社会优越感逐渐减少,让他们开始产生一些自己成为"弱势群体"的错误感受。社会变迁为运动员退役生活秩序的重建提供了更多的可能,导致了运动员退役生活秩序重建的不同结果。

结语部分首先对上述研究进行总结,并在此基础上对运动员退役后生活秩序的重建进行理论叙述和思考,从运动员个体和社会整体的不同视角出发来分析社会变迁过程中运动员生活秩序的重建,从而完成对运动员退役生活秩序重建的完整分析。

六、研究重点与难点

本研究的研究重点在于通过对运动员的运动生涯和退役后生活秩序的研究,对运动员生活秩序建构的主要维度进行论述,诠释运动员在社会变迁过程中生活秩序打破与重建的基本逻辑,从而拓宽现代生活史的研究范围,丰富现代社会生活史的研究内容。通过对运动员生活史的叙述来观察社会生活的变迁,反映国家与运动员个体生活的互动逻辑关系,深刻了解当代社会变迁视野中的中国社会个体生活状态的历史演绎。通过对山西武术运动员这一特定群体的退役生活史的研究,为中国运动员退役安置提供新的思考。

本研究的难点主要在于材料的搜集和理论分析。首先,由于本文所要叙述研究的这一群体在学界并未引起足够的重视,相应的研究基础比较薄弱,早期的运动员大多无法联系,留下的资料极少,有的运动员退役去向缺乏记载,会出现对这一群体研究的材料缺失问题,影响对这一群体退役生活的完整把握,这些问题必须依靠自己的努力来解决。其次，运动员生活秩序的打破与重建在不同的时间范围内和不同的空间范围内都有不同的呈现，我国的运动员管理和运动员退役安置政策在研究时间范围内不断演变，对退役运动员生活秩序的打破与重建也产生不同的影响。社会变迁、制度变迁与运动员生活秩序的打破与重建形成了比较复杂的逻辑关系，如何呈现其内在的变化逻辑也是研究的难点所在。最后，对所取得的口述史材料如何运用和取舍也是论文撰写过程中必须面临的问题。在许多学者和朋友的帮助下，经过多方面努力，本研究已经获得了山西省体育局档案室所存藏的相关资料，对一些退役武术运动员也进行了口述史访谈，这些材料的获得对弥补上述的不足有很大的帮助。笔者合理运用口述史材料，深入分析代表性人物的退役生活转型，努力克服研究中的难点，取得了一定的研究成效。

第二章

群体概述：群英荟萃的山西武术运动

　　山西是中国武术的发源地和重要的发展区域之一。山西武术运动的发展有着坚实的历史与文化基础。山西省武术运动队从1958年发展至今，从一支名不见经传的队伍成为国内公认的强队，经历了艰辛的历程。山西省武术运动员们为山西省体育事业的发展作出了重要的贡献，也为中国武术运动的发展作出了积极的努力。山西省武术运动员群体是一个创造辉煌的群体，是中国民族传统体育文化的重要继承者和传播者，也是中国体育事业的重要建设者。

第一节　山西武术历史渊源

　　山西是中华文明的发源地之一，也是中国武术文化的发祥地。山西省阳高县许家窑人文化遗址出土的2000多个石球，既"是距今已有10万年的旧石器时代的文物，是原始人类用以投猎获取食物的工具，也是现代体育投掷项目器械的原始形态"①。1963年，考古工作者在山西省朔县峙峪村，发掘出一枚石镞（石制的箭头），据测定距今约

---

① 中国大百科全书编委会：《中国大百科全书·体育》，中国大百科全书出版社，1982年，第1页。

2.87万年。这说明早在 2 万多年前的原始母系氏族社会时期,山西已经出现了弓箭①。早在石器时代,武术在山西这一地域就有了初步的萌芽和发展。1985 年 2 月,在山西省灵石县旌介村发现的商代墓葬中,有铜矛 24 件,铜戈 17 件,铜镞 20 件,铜兽刀 1 件。这充分说明人们为了更有效地猎取生活资料和自卫而制造了器械。在使用器械进行拼杀格斗中,渐渐积累并发展了攻防技能,逐渐由技击、武艺发展成武术。

受不同的地域文化影响,中国广袤疆土上呈现出的武术形态也各有不同,"南拳北腿,东枪西棍",形象地描述了中国武术的地域性特征。山西在传统历史视野中属于中国北部,经过汉民族与游牧民族之间的长期融合,形成了具有北中国特色的武术体系,多种流传至今的拳种也起源于此。早在春秋战国时期,山西就有"晋国天下莫强焉"之誉,这时,武术经长期发展已成为有目的、有计划地训练军队战斗力的一种手段和技术。在春秋战国长期的兼并战争中,山西的土地上涌现出众多的骁将、武侠人物,推动了武术技术的快速发展。战国末年,"荆轲尝过榆次,与盖聂论剑"②,盖聂即今之山西榆次聂村人,为当时著名的精通剑术、武功高超的勇士。

北魏时期开凿的云冈石窟对山西武术的早期发展有十分清楚的认证,在其十四窟的廊柱左右各雕刻有十分清楚的武术动作人物。著名北魏史研究专家王建舜就明确指出这一雕刻的武术史价值,并明确指出当时武术已发展到相当成熟的程度。③ 这一研究结果使传统的中国武术历史发展成熟期从北宋提前了几百年之久。④

宋朝以后,武术逐步进入民间生活,山西很多地方更是中国武术

---

① 山西省地方志编纂委员会编:《山西通志·体育志(第四十二卷)》,中华书局,1995 年,绪言第 1 页。
② 《史记》卷八十六《刺客列传》。
③ 李恒城:《云冈石窟与北魏时代》,山西科学技术出版社,2005 年,第 101 页。
④ 关于中国武术的成熟,以马明达、周伟良为代表的武术史研究者一般认为,宋代"套子"的出现是其成熟的标志。云冈石窟开凿于北魏年间,比宋代要早 500 年左右。

发展的重镇。深厚的历史积淀使山西成为中国武术文化传播广泛的省份之一。宋代沿袭唐朝的"武举"制度,在民间兴"武学",设教头,推动了民间武艺的发展,也为农民起义反抗压迫而练武创造了条件。由于武术在中国古代的历史发展中,一直是军事训练的重要内容和武力征服的重要依托,始终受统治阶级的重视,以武术能力为基础进行军事人才的培养和选拔,但历代统治者对于民间习武则多有限制,以防止民间百姓形成反抗政府统治的能力。由此,武术早期的发展出现了规避政府规定,融入民间艺术生活的发展形态。在山西新绛县吴岭庄发现的元朝至元十六年(1279年)的墓葬中,于墓前室南壁正中,墓门上方镶砌彩绘杂剧雕砖一组,其中第六个戏俑着圆领小袖蓝袍、皂靴,双肘架起,提袍角外张,作武功架子科,极似武戏中的短打武生。由此可见,元代山西武术的应用已由于规避统治阶级的限制而进入了民间文化生活,并成为一种重要的艺术形式。明清时代,是山西武术大发展的阶段。在继承"武举"的基础上,武艺走上了健身、防病和娱乐的途径。这时山西武术的发展,主要有"官办"和"民办"两种形式。在山西"官办"武学中,最负盛名的是山西灵石县演武场。据《平阳府志》记载,明嘉靖十七年(1549年),灵石知县种奎在县城东北清凉寺山下修建起演武场(占地面积三亩有余,盖瓦房五间),聘请刘鼐、王之栋为首任教习,培养教习、官职人员、武生员和继承武官禄位的子弟等。课程分内外两门。内课讲授孙子兵法、武经、手搏等;外课包括骑射、步射、开硬弓、舞刀、掇石、攀大石以及枪、剑、戟、拳等。这一演武场历经明清300多年,其间曾多次修葺、扩建,清光绪二十九年(1879年)终止,培养出众多武术人才。

在官办武术教育大发展的同时,山西的民间武术发展也获得了巨大的发展机遇,山西民间出现许多造诣精深的武术名家。金末元初的山西太原人白玉峰,被誉为近世技击之泰斗,大河南北莫与伦比,云游四方,其技益进,至洛阳授拳自给,嗣遇觉远山人,遂归少林,并融合少林功法,将少林拳法增加至170多手,并将其分别命名为龙、虎、豹、蛇、鹤五拳。①

明末清初,以抗清名士傅山为代表的一批学者习练武术,并直接参与了武术技术的理论化进程②。今人张希贵先生著有《傅山拳法》一书,对傅山的武术习练和拳法创造进行了详细的论述。以四大名拳之一的形意拳为例,其在山西境内可考的历史已有近四百年③。明清时期晋商事业的大发展,也为武术的发展提供了巨大的民间市场,技艺高强的武师组建镖局,为富有的晋商大户保家护院、送镖护货成为一种非常重要的社会职业,这就为民间武术习练者以武谋生提供了社会条件,也极大地推动了社会底层百姓习练武术的兴趣,成为民间武术发展的重要社会动力,极大地推动了山西武术的地域发展。进入19世纪,形意拳更是展现出前所未有的蓬勃发展,自心意拳创拳者姬际可以降,经戴龙邦、戴二闾等知名拳师传播,到李洛能时代已将五行、十二形等传统文化融摄于其中,形成了今人所传的形意拳的基本技术形态和理论阐释。19世纪中后期,形意拳与少林拳、太极拳、八卦掌并称为中国四大名拳,成为中国武术体系中具有重要影响力的知名拳种,在太谷这一山西中部的普通县域内,出现了"五星耀太谷"④这一武术史上的奇迹,山西由此在中国武术史上写下了重重的一笔。1900年,形意拳师吕学隆积极响应义和团运动,派弟子孟立纲、孙荣富等人参加了太谷城内攻打洋人教堂的战斗。⑤ 形意拳在中国近代社会历史发展的重大事件中发挥了特有的作用。民国时期,布学宽等一代宗师

---

① 尊我斋主人:《少林拳术秘诀》,山西科学技术出版社,2009年,第13页。
② 目前,中国武术最早的历史性文本基本上都是明中期以后的产物,最具代表性的著作有戚继光的《纪效新书·拳经捷要篇》、俞大猷的《剑经》、程冲斗的《耕余剩技》,这些著作基本反映了中国武术技术的理论化进程。傅山(1607—1684),明清之际道家思想家、书法家、医学家,与顾炎武相交甚多,其习武经历杂见于其所著《霜红龛集》中。
③ 据吴秀峰、孙石轩所撰的《形意拳发展史略》,形意拳创立者为姬际可(1620—1701),字龙峰,约在1654年左右创形意拳的前身"心意六合拳",此为形意拳之始。见吴秀峰、孙石轩:《形意拳发展史略》,山西人民出版社,2008年,第1、11页。
④ 李洛能著名的八大弟子中,有车毅斋、宋世荣、宋世德、贺运亨、李广亨等五位武术家是太谷人,是以有"五星耀太谷"之说,太谷也成为武林一时的盛地。
⑤ 吴秀峰、孙石轩:《形意拳发展史略》,山西人民出版社,2008年,第93页。

为形意拳的开展作出了杰出的贡献,使形意拳从太谷这一晋中小邑而进入通衢都会,在北京、太原等地广为传播。形意拳逐步成为影响中国武术发展的重要拳种。

在本省特有拳种快速发展的同时,山西省的拳师们不断引进众多的南北拳种套路。经过长期的融合和发展,各个拳种在山西各地民间传播、扎根,比如太原的太极拳、炮捶,大同的太极散手,洪洞的洪洞通背拳,榆次的弓力拳,代县、繁峙的杨家绝命枪,定襄、五台的行龙拳、鞭杆,平遥的信拳、八卦掌、通臂拳,灵石的傅拳,长治的少林功法,阳泉的敏涵拳、燕青拳,灵丘的罗汉拳、子母绵掌,汾阳的六合拳,陵川的阳拳,文水的弹腿、绵掌,河津的同备拳等许多武术拳种,山西省域内形成了具有独特地域风格的武术体系。

民国时期,政府出于对民族传统体育的重视,实行了一系列支持武术发展的措施。借助于政府对国术的重视,山西武术得到进一步发展。1927年,山西省国术馆及各县国术馆成立。1928年10月,中央国术馆在南京举行了第一届全国国术考试。山西派出太原南郊的李连成、北郊的韩荣华、张万荣等人参加了这届"国考"。1933年10月,第二届国术考试在南京举行,共有21个省、市的427名运动员应考。山西派出张安泰、赵光弟、王鸿等16名选手参加。结果有2人取得国考证书,有6人获得及格证书。随后山西又派出国术运动员参加了国民政府第五、六届全国运动会的国术比赛和全国童子军露营国术大检阅表演。1931年10月,山西国术馆在太原举行第一届国术"省考"。来自全省各地的80多名运动员参加了拳术、刀剑考试(比赛)。"省考"评选出王鸿、许淑媛(女)等14名优秀拳手。在各级国术馆建立前后,山西全省出现了560多个各种形式的民间国术组织。在各级学校中,山西大学法学院、第一中学、云山中学、三晋中学、新民中学、友仁中学、并州中学等学校开设了国术课。著名的武术之乡太谷县成为武术发展的领先者,1918年,在县教育会领导下的专门培养学生学习国术的常设机构——太谷县体育会成立。布学宽任体育会主任并兼任教练，分赴八所学校教授国术，每月组织一次各校国术表演。1935年，太谷县国术馆成立，时任县长李腾蛟兼任馆长，著名武师宋铁麟、布学宽为副馆长，主要传授形意拳。各种社会武术组织在广泛开展国术活动中培养武术人才，极大地推动了山西武术的快速发展。在这样的历史背景下，山西还出现了专门介绍武术的杂志《山西国术体育旬刊》，成为山西武术的重要助力。

战争纷乱的民国时期，武术作为一项技击运动，在国内革命战争、抗日战争时期都受到中国共产党的重视，为中国革命的最后成功作出了巨大贡献。据《武乡县志》记载："1935年3月24日，中共武乡县委在南神山会议上决定：充分利用群众中普遍的武术活动发展人民武装；加强对各村武术团的领导，在骨干分子中发展党员；扩大武术团，把武术团置于党的领导之下，随时准备向地方官府斗争。会后，武乡县东部地区以魏名扬为首，很快有二十多个村子建立起武术团，以搞武术参加革命达三百余人。一时间，武术团声威大振，土豪劣绅闻风丧胆。"1936年，中国共产党在阳泉煤矿建立了党的外围组织"矿工武术团"。此团以练拳习武聚集工人，发展革命力量，并借赶庙会、闹红火之机通过武术表演这一特殊形式宣传抗日，唤起工农民众的抗日意识。在矿工武术团的基础上，成立了阳泉矿工武装抗日游击队，转战太行山，而后编为八路军129师秦基伟、赖际发独立支队中的一个大队，为抗日战争作出了贡献。"从1938年开始，驻扎在武乡县的八路军总部机关和129师各部战士，聘请武术名师武得胜和暴家兄弟到部队教青年战士打拳、格斗、练剑；教首长和轻伤员练太极拳，开始经常参加武术活动。在革命根据地，一年四季，不仅可以听到'抗日的烽火燃烧在太行山上'的嘹亮歌声，还能天天看到军民在练习射击、投弹和武术活动。武乡县民兵以武术为主的练兵运动空前活跃。"[①]抗日根据地武术活动的

[①] 山西省地方志编纂委员会编：《山西通志·体育志（第四十二卷）》，中华书局，1995年，第12页。

举行既提高了八路军的战斗力,也推动了山西民间武术的广泛开展。

经过几千年的发展,到1949年中华人民共和国成立前,武术在山西已具有十分庞杂的技术体系,成为山西人民十分喜爱的身体运动,为山西现代武术运动的开展奠定了很好的历史基础和大量的人员储备,成为山西武术运动一直在国内占据优势地位的有力支撑。

第二节　新中国成立后群英闪耀的山西武术运动

新中国成立以后,山西武术运动经历了萌芽时期、初建时期、成熟时期和持续发展时期。每一个时期武术运动的发展都培养和造就了一批批武术运动员。武术运动员作为山西武术发展的主体,通过一代又一代的努力和拼搏,成就了山西武术运动发展的辉煌历史。由此,山西武术运动的发展就成为我们探究运动员生活秩序打破与重建的起点。

一、山西武术运动的初创时期(1949—1957)

中华人民共和国成立以后,由于种种原因,武术运动的发展在一段时间内有所反复,但总的来说,武术运动作为中华民族特有的文化结晶,在不同时期都得到了党和政府的关注。1953年,当时的中央体委指出:"着手研究和整理民族形式体育。我国的民族形式体育如武术等,是我国优秀文化遗产的一部分,是几千年来我国发动人民锻炼体魄的良好方式。民族形式体育的项目极为丰富,其中有许多是对强身有益的体育形式,中央体委拟设专门机构着手研究和整理,以便正确地推广和提倡。"[1]中央体委对以武术为代表的民族传统体育形式的

---

[1] 《中央体委党组关于加强人民体育运动工作的报告》,1953年11月17日。山西省体育局档案室藏。

发展提出了具体的指导意见,并指出要着重"正确"地推广和提倡。针对武术在中华人民共和国成立以前与一些反动组织和迷信活动的联系,1955年1月6日,蔡树藩在全国体育工作会议上指出:"武术工作根据主管力量和客观情况,目前只能进行一些整理和研究工作,提出一些与体育有关的、对健康有益的、又能推行的项目。"①而且在当年中共中央批发《中央体委党组关于召开全国体育工作会议的报告》中明确指出:"关于武术,当前只能进行一些整理和研究工作,提出可以推行的项目,剔除那些对健康有害的,违反科学原理的,封建迷信的东西。为了不致搞乱,只在中央体委成立武术研究室,省、市体委,人少事繁,无力照顾,不建立这个机构,也不进行这项工作。厂矿、企业、学校、部队和机关中原有的武术锻炼小组应加以整顿,没有的暂不建立,农村中坚决停止发展,原有的武术活动可由区乡政府、青年团加以领导,不要被坏分子利用做坏事。内部工作安排上,武术锻炼小组,像其他运动项目一样,统一归体委群众体育司管理。(少数民族中所固有的一些体育活动,如骑马、摔跤、射箭等应当提倡,并应很好地加以领导。)社会上的一些拳社、武术联谊会等组织必须停止发展。其中,有些借武术为名,实际上教人偷盗,奸污妇女,发展会道门,隐藏反革命,应该由政府加以取缔,这些罪犯应当依法制裁。"②这是中华人民共和国成立以后武术运动走向新生的基本政治要求。

山西作为武术大省,在武术运动的发展中开一时之先河。1950年,陈盛甫先生任太原人民体育场场长时,召集武术教师及武术爱好者,组建成立了武术研究会,会员除葛书元、郝学儒、蔡琅亭、何振江、张紫绶、王锦泉、马力伯、桂荣瑞、刘春芳、郝瑾魁、段树华、张春波、曲

---

① 蔡树藩:《把我国人民体育事业继续向前推进》。此为时任国家体委副主任的蔡树藩于1955年1月6日在全国体育工作会议上作的关于1954年体育工作总结和1955年工作任务的报告,并于1955年5月31日经国务院全体会议第十次会议批准。山西省体育局档案室藏。
② 《中共中央批发中央体委党组关于召开全国体育工作会议的报告》,1955年4月12日。山西省体育局档案室藏。

树艺、李桂昌、苏登瀛等太原地区的武术家之外,太谷的布学宽、寿阳的郑成权、祁县的范铁僧等也参加了该研究会。范铁僧还被聘在太原市体育场进行了短期形意拳教学。"武术研究会住在太原市的会员每周开一次会,学习党的体育方针政策、统一认识、交流经验、研究传统套路、学习新套路,对宣传武术运动,团结武术爱好者、挖掘传统套路,起了良好的作用。该会曾多次协助体育场举办武术表演、竞赛及办武术教师训练班,使武术技术水平有了显著提高"。[①]

1953年9月22日,山西省人民政府体育运动委员会成立。省体委主要工作任务是:在省政府统一领导下,负责统一领导和监督全省的体育事业;配合协调监督各部门和社会团体的体育工作;负责检查上述部门对国务院、省政府发布和批准的关于体育运动方面的决议、命令、指示、条例、制度等方面的贯彻执行情况;管理本委的直属机关事业单位、学校。山西省人民政府体育运动委员会的成立标志着中华人民共和国成立之后山西省体育事业行政领导机构的建立,为山西省体育运动的健康发展奠定了坚实的基础。

1953年,由武术研究会成员组成的山西省武术代表队参加了在呼和浩特举行的华北运动会和在天津举行的全国民族形式体育表演大会,取得了优异的成绩。张紫绶的太极剑、郝学儒的大铁锹(见图2)、郑成权的醉打山门棍、何振江的缠魔棍给观众留下了深刻的印象。另有郝武成的女儿郝玲花及其两个徒弟在华北运动会上参加了双刀和双手破枪表演并获得了奖励。陈盛甫先生以评判员的身份,在两次运动会上分别作了山西地区特有的鞭杆表演。著名武术家王子平对鞭杆套路给予高度的评价。鞭杆表演的成功使鞭杆受到了众多武术爱好者的喜爱,山西鞭杆由此开始了向外传播的历程。

1956年,太原市体委以武术研究会为基础成立了太原市武术协

---

① 陈盛甫:《武术在山西》,《山西体育文史》1982年总第2辑。

图 2 郝学儒代表华北区武术运动员参加在天津举办的全国民族形式体育运动大会，荣获大铁锹、鞭杆表演二枚金牌

会，由陈盛甫先生任主席①。本着普及与提高相结合的方针，太原市武术协会采取两条腿走路的措施。一方面，广泛开展群众性武术运动，在太原体育场和公园等处成立了业余武术辅导站，由武协聘请专人任教练，酌收学费，对教练人员按所教人数多寡给以不同报酬，这一措施深受群众欢迎；另一方面，积极组织武术表演和武术比赛，发现优秀的套路人才。这些措施的推行对山西省武术运动的发展起到了承前启后的桥梁作用。

除太原市外，山西省内其他地区的武术运动也开始逐步发展起来，大同和太谷等地的武术运动更是迅速开展起来。"（二十世纪）五十年代，太谷县的老一辈形意拳师布学宽、宋铁麟、刘俭等，为发展武术积极奔忙。当时，太谷县城内文昌庙街一号院，即成为太谷县武术活动的中心。院内练武场地宽敞，各种武术器械及训练器材等比较丰富，酷似武术馆、社。在县体委的大力支持下，在艺高望重的老拳师们的带领下，太谷县群众性的武术活动遍及城乡，表演比赛接连不断，积极活动者数以千计，可谓解放后太谷武术活动的中兴时期。"②

太谷县武术运动的良好发展为武术竞赛的开展奠定了良好基础。山西省体委决定，于 1957 年 5 月，在素有"武术之乡"之称的太谷县，举行全省武术评奖观摩大会暨摔跤冠军赛。这次武术比赛的赛事组

---

① 陈盛甫：《武术在山西》，《山西体育文史》1982 年总第 2 辑，第 51 页。
② 布秉全：《解放后在太谷举行的首次全省武术观摩会》，《山西体育文史》1986 年总第 6 辑。

织和赛事规模对之后山西省武术比赛的开展具有重要的示范性意义。"这次全省性的武术比赛在太谷县举行还是第一次。太谷县领导对此十分重视,筹备工作搞的比较充分。"①大会成立了主席团,成员包括当时太谷县县委书记处书记、县长贾春发,山西大学体育系教授陈盛甫、省体委郭荫轩、太谷县著名老拳师布学宽等十人。比赛设武术、摔跤两个组。武术总裁判由陈盛甫教授担任,副总裁判由布学宽、宋铁麟担任。摔跤裁判长由郭荫轩担任,副裁判长由刘春芳担任。参加这次比赛的运动员,共计93人。这次比赛的武术运动员来自太原市、大同市、榆次市、安邑县、万荣县、洪洞县、祁县、平遥县、平定县、太谷县等市县,共计68人;参加摔跤冠军赛的运动员来自太原市、大同市、榆次市、崞县、定襄县、永济县、忻县等七个市县,共计25人。

  从布秉全先生的记忆中,我们依然可以看到当时比赛的盛况:"一九五七年五月五日上午,山西省武术观摩评奖大会暨摔跤冠军赛,在太谷城南门广场(即人民体育场)隆重开幕。……武林高手云集古城,各献拳艺,争相竞技。经过三天的紧张比赛,评出一等奖七人,他们是:庞林太、张春波、葛书元、夏守仁、许殿林、张洪亮、侯俊宾。获个人二等奖的约计十八人。我县参加比赛的运动员张永义、孙德宜、吴治泰、李福元、李三元、程登华、孟宪基等七人,均获二等奖。这次赛会,不计团体名次,只进行个人评比。比赛分四个小组进行。每人可报徒手、器械及表演项目共三项。所报项目有长拳、形意拳、八卦掌、太极拳等,以及徒手对练和器械单练对练。内容丰富,项目繁多。比赛结束时,老拳师们精神饱满,神采奕奕地进行了精彩表演。这次赛会,从五月五日开始至七日结束,历时三天,规模较大,盛况空前。比赛场上,你争我夺,扣人心弦。围观者,人山人海,喝彩助兴。这次武术、摔跤盛会的召开,是对我省武术运动水平的一次大检阅,它有力地推动了全省武术、摔跤活动的广泛开展,在太谷县的武术史上也留下了重

---

① 布秉全:《解放后在太谷举行的首次全省武术观摩会》,《山西体育文史》1986年总第6辑。

要的一页。"①

从中华人民共和国成立到1957年,山西省举办了大量的武术竞赛活动和群众性武术活动,这些活动的举办主要是为了推广武术运动,增强人民体质。当时山西省尚无专业武术运动队伍,因此参赛者都只是民间武术的爱好者和习练者。一系列武术活动的举办为武术的传承和发展作出了贡献,也为随后专业运动队伍的建立和竞技武术的发展奠定了基础。这也是山西省竞技武术运动的萌芽时期。

二、山西武术运动的发展时期(1958—1966)

群众性武术活动的开展为专业队伍的建立提供了有力的支持。1956年颁布的《中华人民共和国运动竞赛制度暂行规定(草案)》,将武术列为表演项目。此后武术被列为全国体育竞赛的主要项目之一,山西开始把武术作为本省的优势项目加以推广提高。1958年10月,为迎接第一届全运会,山西从全省选调了男队员18名,女队员6名,成立了山西武术集训队,由李桂昌、李三元、赵永昌、韩子先4人兼教练。"1958年山西体院成立后,该队(山西省体育工作队)(当时一部分已迁至体院所在地双塔寺西街)即为该院(校)运动部(系)。据1959年4月份统计,为迎接第一届全运会,省集训了足球、篮球、排球、乒乓球、网球、羽毛球、手球、棒球、女子垒球、水球(计划)、田径、自行车、体操、举重、游泳、跳水(计划)、赛艇、武术、中国式摔跤、射箭、中国象棋、马术、技巧、射击、摩托、无线电、航海多项、航海模型、滑翔、飞机跳伞、伞塔跳伞、航空模型、击剑、自由式古典式摔跤、水上摩托艇共三十五项一千五百余名运动员。"②武术竞技运动在山西的开展也由此而肇始。

1959年3月,山西武术队员在北京参加全国青少年武术比赛,张

---

① 布秉全:《解放后在太谷举行的首次全省武术观摩会》,《山西体育文史》1986年总第6辑。
② 景永魁:《山西体育机构、人事之沿革(一)》,《山西体育文史》1986年总第6辑。

玲妹获女子拳术第 3 名,李林凤获少年组形意拳第 6 名,贾宝寿获青年组形意拳第 5 名。同年 9 月,领队苏永清、教练韩子先率队参加了第一届全运会武术比赛,但未获名次(见图 3)。1961—1963 年的国民经济困难时期,体工队贯彻"调整、巩固、充实、提高"方针,武术项目只保留张希贵、武元梅、赵星全、孙国栋四人。教练韩子先调任食堂采购,其他运动员均回原籍分配工作。为迎接第二届全运会,1961 年,山西武术队先后调入李三元和庞林太两名教练。在 1965 年第二届全运会上,武元梅、张玲妹、赵星全、孙国栋、原鸿佑参加了表演赛,受到大会的好评。

图 3　1959 年参加中华人民共和国第一届全运会的山西武术代表队于北京合影留念

对于早期山西省武术运动队的发展,从张希贵先生的访谈中也可以得到印证:"1958 年组建武术队,刚建队共 24 个人,最大的 50 多岁,最小的十一二岁。到 1959 年前半年就淘汰了一半,剩余 12 人,其中有 8 人参加了全运会,还有当时的照片。1960 年困难时期精减队伍,只留下 4 人,武元梅、赵星全、孙国栋和我。我既是运动员又兼教练员,到 1962 年就成为专职教练员。1964 年形势好转后又开始招运动员,比如李巧玲、贾慧卿,1965年面临全运会时,武术比赛改革为表演,武术队随之解散。武术队解散后,我进入省体委。"文化大革命"开始后,山西省体委教练员、干部、工人共170多人去石家庄参加为期11个月的改造学习班。"①1966年6月,山西省体委党组决定撤销武术项目,"文化大革命"开始后,教练员、运动员都未离开体工队而编入"毛泽东思想宣传队"。

从1958年山西省武术队建立到1966年武术项目被撤销,山西省武术运动走过了其竞技武术运动的最初岁月。山西省武术队在这一时期尽管没有特别亮眼的成绩,但无论是在建队还是在训练、比赛方面都取得了一些进步,也为之后山西省武术的辉煌积累了关键的人才资源,张希贵、庞林太、武元梅、张玲妹、孙国栋、原鸿佑等都在20世纪70年代为山西省武术运动的崛起作出了巨大的贡献。

三、山西武术运动的成熟时期(1970—1980)

"文化大革命"的开始阻断了山西武术运动的正常发展,运动员和教练员们学习的学习、下放的下放,这种情况一直持续到1970年。"1970年5月30日军接小组请示省革委保留男女篮、男排、田径、体操、武术、乒乓、自行车、摔跤八个项目,撤销足球、女排和省国防体育俱乐部(即射击场),新招收一百二十名运动员。省革委主任谢振华于1970年6月5日批:'除同意上述意见外,再撤销摔跤队,保留七个项目。'1970年6月13日再次报告,要求保留摔跤队,谢振华于6月16日同意。"②

山西省武术队当时属连队建制,武术归二连,连长岳宁寿,武术班班长张希贵,副班长张玲妹(运动员兼教练员),运动员孙国栋、赵星

---

① 采访张希贵,采访者田文波,2015年3月12日,地点:张希贵寓所。
② 景永魁:《山西体育机构、人事之沿革(二)》,《山西体育文史》1987年总第7辑。

全、原鸿佑、席跃祖、贾慧卿、张玲妹(兼)。同年冬天,又从全省各地选调一批新运动员,包括巩铁练、魏补全、孟耿成、魏素英、李巧玲、周玉芳、王凤林等。因"文化大革命"被迫停止的运动训练工作,开始转入正常(见图4)。

图4　1973—1975年山西省武术队多次去大寨辅导表演并与大寨大队领导班子合影

1970年重新建立的山西省武术队,一方面,积极从事武术训练,提高竞技水平,争取好的运动成绩;另一方面,山西省武术队在当时的社会环境中上山下乡,进入工厂车间,为工人农民进行了大量的武术表演,对武术运动的社会化推广起到了积极的作用(见图5)。中美"乒乓外交"的进行使体育运动在外交活动中的重要性得到充分体现,武术运动作为这一时期中国的体育文化使者伴随着中国领导人的出访在世界范围内留下了广泛的足迹,这也推动了中国武术运动的广泛开展。山西省武术运动响应国家需求,在这一时期取得了快速发展。

1970—1980年,是山西武术队飞跃发展的10年。张希贵、庞林太和张玲妹先后任教练。张希贵、庞林太、张玲妹抓尖子运动员的培养,抓思想品德教育,在基本功法、套路上狠下功夫,注重弹跳素质的训

图 5　1973 年张希贵教练与省体校武术队在大寨大队合影

练,坚持高规格、高质量、高难度,运动员的技术水平迅速得到提高。由于重视了基本功和动作的规格质量,1974 年 8 月,在西安举行的全国武术比赛中,山西省武术队成绩明显上升,贾慧卿获女子成年组全能、自选枪和拳术三项冠军,并获规定剑术第二;魏素英获剑术第二、规定拳第三;原鸿佑获男子成年组剑术第一;魏补全获枪术第三;巩铁练获男子少年组棍术第一,李巧玲获女子少年组刀术第三名。从此时起,山西武术运动开始在全国范围内引起人们的重视。同年 8 月,张玲妹代表中国(教练兼运动员)出访美国、墨西哥(见图 6)。

1975 年 9 月,山西省武术队参加在北京举行的第三届全运会,巩铁练获得男子棍术冠军,这是山西省武术运动在全运会上所获得的第一枚金牌。张玲妹获女子自选剑第二,山西省武术队男、女团体总分排列全国第七,在 26 个参赛单位中开始接近上游水平。这一时期,山西省武术队从尊重运动员成才周期的客观规律出发,提出"干一届全运会,准备两、三届队伍"的战略设想,在这一战略设想指导下,武术队届届不断线,批批有尖子,成为山西武术运动难能可贵的发展经验。

图 6　张玲妹拳照

尤其是,山西省武术队在 1979 年第四届全运会上获得 6 枚金牌、3 枚银牌、1 枚铜牌,所获奖牌数居于全国第一,山西武术运动由此登上中国竞技武术的巅峰。

经过 20 年的发展,山西省武术队先后涌现出武元梅、贾慧卿、张玲妹、魏素英、孟耿成、魏补全、巩铁练、原鸿佑、李巧玲、王冬莲、栗小平、陈凤萍、马威等一批驰骋国内外的武坛高手。山西武术队成为全国引人注目的运动队,被国家体委誉为"永攀高峰运动队"。

1970 年到 1980 年,山西武术运动十年间创造了一个奇迹,从一支名不见经传的队伍成长为一支全国最强的队伍,所有运动员和教练员为之付出了巨大的努力。山西武术运动进入了辉煌时期,这也是山西武术运动的成熟发展时期。

四、山西武术运动的辉煌时期(1981—2008)

20 世纪 70 年代的辉煌对于山西武术运动而言仅仅是个开始。从 1981 年起一直到 2008 年,山西省武术队在第五届全运会到第九届全运会的漫长时间里每届全运会都有金牌入账,并且多次获得世界锦标赛和亚运会的冠军,山西武术运动进入了一个长时间的持续发展时期。

1983年第五届全运会,山西队延续了第四届全运会的辉煌。1983年6月,全国武术锦标赛暨第五届全运会预赛在郑州举行。在这次比赛中山西女队再展雄风,栗小平一人获枪术、拳术、剑术、传统器械、传统拳术和全能六项冠军,文喜太获男子枪术第一。同年9月,第五届全运会决赛在上海举行,武术被列为表演项目,本次比赛山西省武术队夺得金牌2枚、银牌6枚、铜牌3枚。① 虽然金牌数量较第四届全运会有所减少,但此后各省开始注重体育运动发展,武术项目也受到更多省市的关注,以往山西和北京两强争霸的局面被打破,所以,尽管金牌数量在减少,但随着竞争的加强,金牌的成色越来越足。1983年6月,新兴的武术散打运动在南昌举行全国散手表演赛,庞林太教练率领刘玉福(兼)、王波、徐存科、郭曾、赵振国、关恩普、郭俊培等运动员参赛。本次比赛山西队夺得8个级别中的5项冠军,分别为刘玉福(60kg级)、徐存科(65kg级)、郭曾(70kg级)、王波(75kg级)、赵振国(80kg级),在武术界引起很大震动。②

第六届全运会决赛于1987年11月在广东常平举行。在高手如林,争夺激烈的大赛中,小将原文庆不负众望,在拳术、棍术两项中脱颖而出,获得两枚金牌;王爱珍获得女子剑术冠军。③ 这届全运会是山西竞技水平滑落的一届,一共拿到了6枚金牌,山西武术队占到了一半之多,成就山西竞技体育的半壁江山。而且,此次全运会也是山西省武术运动发展的分界线:在此前的山西武术运动发展过程中女队优势明显,此后的山西武术运动则明显呈现出"阳盛阴衰"的现象。此次运动会一鸣惊人的原文庆则成为"山西现象",他将在长达十年时间里成为武术的王者。据粗略统计,原文庆竞技武术生涯中所获得的奖牌

---

① 张日申、王斌海:《山西体工队史》,山西省体工队,1993年,第129页。
② 同上。
③ 同上书,第130页。

数是山西省体育界有史以来所获奖牌总数的 1/6。1988 年,被誉为"武术王子"的原文庆在全国武术锦标赛上一人独得 6 枚金牌,在杭州举办的第三届武术节上夺得 4 枚金牌;1989 年 11 月,在香港参加第五届亚洲武术锦标赛,获全能、自选长拳、刀术和棍术 4 项第 1 名;1990 年 7 月,他在马来西亚国际武术节锦标赛上获得 3 项冠军;同年 9 月,在北京第十一届亚运会上,原文庆发挥自己快速、潇洒、刚劲、准确的风格,以炉火纯青的技术压倒群芳,大展雄姿,以 29.52 分的成绩获得男子全能第 1 名。①

1959—1990 年,山西武术队参加全国比赛共取得 75 个第 1 名、63 个第 2 名、61 个第 3 名、7 个优秀;1988—1990 年,参加国际比赛,取得了 2 个第 1 名的好成绩。从建队至 1990 年,山西武术队出访、迎访 30 多个国家和地区的比赛 100 多场次,为传播中华武术文化,增进同各国人民的团结和友谊作出了贡献。②

1991—1997 年,以原文庆、何军、俞远文、李天媛等运动健将为代表的山西武术队在各项赛事中都有较好的表现,以袁新东、罗俊伟、田映红、田晓慧等一批新的武英级远动员涌现。③

1991 年 6 月,全国武术锦标赛团体套路赛甲级队赛区在沈阳举行,山西代表队以 283.47 分获得男子团体冠军;原文庆在男子全能、长拳、刀术、棍术和其他拳术 3 类 5 个项目中揽 4 金 1 银;何军在男子长拳、枪术项目中分别获得第二、三名;俞远文和李天媛分别在男子其他拳术一类、女子枪术中获得第一、二名。1991 年 11 月,全国武术锦标赛个人赛在成都举行,原文庆在男子全能、拳术、刀术、棍术、地躺拳等项目中获得冠军,何军在男子剑术项目中获得第一。

1992 年 6 月,全国武术团体锦标赛在长春举行。原文庆获得男子

---

① 山西省地方志编纂委员会编:《山西通志·体育志(第四十二卷)》,中华书局,1995 年,第 166 页。
② 同上。
③ 山西省地方志办公室编:《山西省志·体育志》,中华书局,2014 年,第 314 页。

个人全能冠军,原文庆、何军、俞远文、孙孝国、程镇、庞峰 6 名运动员获得男子团体冠军。同年 9 月,全国武术锦标赛在太原举行,原文庆在男子全能、长拳、刀术、三类拳、棍术、双器械 6 个项目中技压群雄,一人囊括六冠;何军、俞远文、李天媛 3 名运动员分别获得男子剑术、一类拳、女子枪术冠军;田晓慧、田艳荣在女子对练中获得冠军。同年 11 月,第三届亚洲武术锦标赛在韩国举行,原文庆在男子刀、棍、拳三项全能项目中获得冠军。①

1993 年 5 月,第一届东亚运动会在上海举行,何军在男子全能项目中获得冠军。同年 6 月,第七届全运会武术预赛暨锦标赛在丹东举行,山西队获得团体第二名。同年 9 月,在四川举行的第七届全运会武术决赛中,原文庆以灵动的身法、刚劲的拳风获男子长拳全能冠军。同年 11 月,第二届世界武术锦标赛在马来西亚吉隆坡举行,原文庆在男子刀术项目中获得冠军。1994 年 10 月,第十二届亚运会在日本广岛举行,原文庆在男子三项全能项目中获得冠军(见图 7)。

图 7 "武术王子"原文庆训练照

1997 年 10 月,原文庆在上海第八届全运会武术决赛男子长拳项目中以 9.21 分夺得冠军,完成了他在这一项目上的全运会三连冠,并在刀、棍全能项目上以 18.12 分获得第二名。袁新东、罗俊伟、王建国在男子三人对练项目上以 9.11 分获得第二名。同年 11 月,第四届世界武术锦标赛在意大利罗马举行,原文庆在男子长拳项目中获得第一名。此次赛后,"武术王子"原文庆宣告退役,原文庆成为中国武术的

---

① 山西省地方志办公室编:《山西省志·体育志》,中华书局,2014 年,第 315 页。

又一个传奇。原文庆退役后于 1998 年成为山西武术套路男队的主教练。1998 年 6 月,全国武术团体锦标赛在上海举行,袁新东在男子棍术、双刀 2 个项目中获得冠军;袁新东、罗俊伟、王建国在男子三人对练项目中获得第三名;康任侠在女子太极拳项目中获得第八名。同年 9 月,全国武术个人锦标赛在天津举行,袁新东在男子双刀项目中以 8.83 分获得冠军,并与罗俊伟、王建国合作在男子三人对练项目中以 9.06 分取得第二名;康任侠在女子太极拳项目中获得第五名。1999 年 9 月,全国武术套路锦标赛在武汉举行,王建国在男子一类拳术项目中获得冠军;袁新东、罗俊伟、王建国在男子三人对练项目中以 8.93 分获得第三名;康任侠获得女子太极拳第四名。①

2001 年 3 月,袁新东在日本举行的第三届东亚运动会比赛中以 28.45 分获得男子长拳、刀、棍三项全能比赛冠军。同年 11 月,袁新东在亚美尼亚第六届世界武术锦标赛中以 9.43 分赢得男子棍术项目冠军。同月,第九届全运会武术套路决赛在广东顺德举行,袁新东以 18.04 分获得男子长拳全能冠军,并与王建国、罗俊伟合作在男子三人对练项目中以 9.35 分获得冠军。2002 年 10 月 10 日—13 日,第十四届亚运会武术比赛在韩国釜山举行,袁新东在男子拳、刀、棍三项全能项目中以优异成绩获得冠军。②

2003 年 9 月 25 日—28 日,全国武术套路男子冠军赛在山东淄博举行,刘智勇分别以 9.54 分和 9.43 分夺得拳术、棍术 2 个项目的冠军,在刀术项目中又以 9.67 分获得第二名。同年 10 月 10 日—12 日,第二届亚洲青少年武术锦标赛在北京举行,袁晓超在乙组男子刀术、棍术 2 个项目中以灵活的身法、扎实的功底、高超的技艺,摘取两项冠军。③

2004 年 9 月 25 日—27 日,全国男子武术套路冠军赛在天津举行,袁晓超以 9.54 分获得长拳冠军,刘智勇分别以 9.53 分、9.31 分获

---

① 山西省地方志办公室编:《山西省志·体育志》,中华书局,2014 年,第 315 页。
② 同上书,第 316 页。
③ 同上。

得刀术和棍术第三、四名。同年10月,全国传统武术套路冠军赛在江苏举行,陈学靖、杨洪两位女将分别在八极拳、查拳两个项目中取得第三名。同年11月20日—28日,第六届亚洲武术锦标赛在缅甸举行,刘智勇在男子刀术项目中获得冠军。

2005年,袁晓超、赵诗在第十届全运会上崭露头角,分别在刀、棍全能和自选长拳两项中斩金夺银。此后,2005年4月11日—13日,第十届全运会女子武术套路预赛在河北举行,赵诗在剑枪全能项目上获得第六名。2005年4月23日—25日,第十届全运会男子武术套路预选赛在太原举行,袁晓超、刘智勇分别获得刀棍全能和长拳冠军,袁新东、罗俊伟、赵志刚在三人对练项目中获得第六名。同年10月,第十届全运会武术套路决赛在南京举行,袁晓超以19.47分获男子自选刀术、棍术全能冠军,赵诗在女子自选长拳项目中以9.25分获得第二名,刘智勇以9.50分获男子自选长拳第三名。同年12月8日—15日,第八届世界武术锦标赛在越南举行,袁晓超在男子长拳项目中取得冠军。① 此后,袁晓超在多哈亚运会、第九届世界武术锦标赛、北京2008武术比赛等多项国内、国际赛事中,均以良好的形象、出色的表现、高超的武艺获得众多奖项,成为山西武术的又一位"王者"(见图8)。

2006年袁新东担任武术套路队副教练,辅助庞林太总教练进行教学指导工作。同年6月,全国武术套路锦标赛(男女赛区)在广东佛山和浙江杭州分别举行,袁晓超、赵诗在比赛中技压群英,分别以9.13

图8 世界冠军袁晓超比赛照

---

① 山西省地方志办公室编:《山西省志·体育志》,中华书局,2014年,第317页。

和9.14分获得男、女长拳冠军。同年12月,第十五届亚运会武术比赛在多哈举行,袁晓超获得男子长拳、刀术、棍术三项全能冠军。

2007年5月19日—22日,全国男子武术套路锦标赛在浙江温州举行,袁晓超获得长拳冠军、棍术第四名。同年9月2日—8日,全国武术套路冠军赛(男子赛区)在福建举行,袁晓超获得棍术冠军。同年9月15日—18日,全国武术套路冠军赛(女子赛区)在广州举行,赵诗、何晓倩分别在长拳、刀术项目中获得第五名。

2008年5月,第七届亚洲武术锦标赛在澳门举行,袁晓超在男子长拳项目中获得冠军。同月,全国女子武术套路锦标赛在广东举行,赵诗分别在长拳和枪术项目上斩金夺银,在剑术比赛中获得第三名。北京2008武术比赛是由北京奥组委、国际武术联合会主办,中国武术协会承办的北京奥运会特设比赛项目。于2008年8月21—24日在北京奥林匹克体育中心体育馆举行。8月22日,在奥体中心体育馆进行的北京2008武术比赛第二个比赛日,袁晓超以9.83分夺得男子长拳金牌。[1]

山西省武术队经过50年的发展,经过几代运动员的共同努力,成为一支高水平的运动队伍,为国家培养了一批高水平的武术运动员,形成了山西省武术运动员这一精英群体,推动了中国武术运动的持续发展。作为专业武术运动员,他们成就了山西武术运动发展的辉煌;退役之后,有相当比例的运动员成为专业武术教练、社会武术推广者、武术教师、武术影视演员、体育行政官员,他们在生活秩序打破、重建之后,依然是山西武术运动乃至于中国武术运动的重要推动者。

第三节 群体形成中的国家与个体

国家体育竞技运动的发展,促成了各省体育运动队的组建。省级

---

[1] 山西省地方志办公室编:《山西省志·体育志》,中华书局,2014年,第318页。

运动队的组建必然形成了专业从事体育运动的运动员群体。组建专业运动队是各省体育事业发展需求，也是国家体育事业发展的需求。而是否喜欢体育运动，是否参加竞技体育运动，能否成为省级体育运动队的运动员，则是体育爱好者个体的重要选择，这与体育爱好者的个人兴趣、发展需要、健康状况，甚至于个体的教育需求都有某种程度有时甚至是决定性的关联。有些孩子喜欢体育是受家庭成员对体育爱好的影响；有些孩子选择体育运动是受老师的影响；而有些孩子喜欢体育运动则是因为自己身体健康发展的需要。无论是健康发展还是教育发展的需求，都是武术运动员群体形成的重要因素。山西武术运动员之所以选择武术这一运动项目，本身也是诸多类似因素作用的结果。当然，山西省武术运动员群体的形成，不是单因素的发展结果，而是多因素综合作用的结果。综合梳理分析山西省武术运动员群体的形成，大体可以归纳为如下几个主要因素。

一、群体形成的关键：国家需求

"由于旧中国社会政治、经济、文化的落后，人民的体质和健康状况一般都很不好。自全国解放以来，人民生活有了提高，工作和学习条件逐步得到改进，加以体育运动有了一定的开展，因而人民群众的健康状况开始有了好转。但根据各地的反映和我们的了解，目前人民健康的不良状况，仍严重地影响着生产、工作和学习。"[①]所以，中华人民共和国成立以后，一直十分重视体育事业的发展。当时，中国普通民众的健康状况仍然处于一个相当低的水平。基于这样的状况，《中央体委党组关于加强人民体育运动工作的报告》指出："目前我国已进入有计划的经济建设第一年，为了使人民能更好地实现党和国家的总

---

① 《中央体委党组关于加强人民体育运动工作的报告》，1953年11月17日。山西省体育局档案室藏。

路线和总任务,就必须按照毛主席'发展体育运动,增强人民体质'的指示,广泛地开展人民体育运动,使之为人民的健康、经济建设和国防建设服务。当前开展体育运动的方针应当是:开展群众性的体育运动,使体育运动普及和经常化。"① 由此,中华人民共和国成立以后,面对人民健康水平很低的现实状况,党和政府为体育运动的普及和经常化开展作出了巨大的努力,国家需求由此成为新中国体育发展和运动员群体产生的最根本的起点。

同时,新中国成立初期的国际形势也为我国发展体育事业提出了要求。时任国家体委主任的贺龙在1958年就体育工作指出:"我国工农业生产和各项建设事业都在大跃进,体育工作也得赶上去。我们为了彻底粉碎帝国主义利用国际体育组织制造'两个中国'的阴谋,退出了国际奥林匹克组织。我们要向帝国主义进行斗争。明年(1959年)开全国运动会,我们要拿出成绩,放出卫星,打破一批世界纪录,让帝国主义看看。"② 此时,体育成为新中国展示国家形象的重要领域,取得优异运动成绩成为新中国国家实力的重要手段。

在国际形势和国内形势的共同作用下,新中国形成了具有中国特色的体育发展方向。对此,胡耀邦于1960年曾有过精辟的论述:"(一)坚决贯彻执行党中央所规定的体育工作为生产和国防服务的总方针。每个部门都要有自己工作上的总方针,这个总方针从何而来呢?从一盘棋而来。就是一切都从建设社会主义的总路线出发,一切都从6亿人民的利益出发。有了这个总概念,局部同整体的关系能够摆正确,既不会超越整体,也不会掉在整体后面,你的工作就能从根本上取得党委的满意,取得群众的支持。(二)既注意建立骨干队伍,选拔培养优秀分子;又注意开展群众性的业余体育活动。这就是体育工

---

① 《中央体委党组关于加强人民体育运动工作的报告》,1953年11月17日。山西省体育局档案室藏。
② 徐英、关彬:《贺龙副总理接见山西体育界并做指示:依靠党的领导,做好体育工作,先当学生,后当先生,再当学生,再当先生》,《体育报》1958年10月23日。

作上的提高和普及,是'两条腿走路'的方针在体育工作上的具体运用,符合总路线多快好省的精神。(三)既重视提高技术,又重视思想工作。测量一个单位的体育水平高不高,一看政治,二看技术。我们无产阶级的体育运动是新型的体育运动,我们的运动健将是又红又专的体育专家。这是无产阶级体育和资产阶级体育的根本区别。近几年来,外国朋友对我们体育工作的反映有两条:一是技术方面进步很快,二是道德作风很好。这的确是事实。我们已经建立体育运动的传统,要把这个传统坚持下去,以便形成我们新中国的一套体育运动的优良传统。对优秀运动员一开始就要讲我们新中国运动员的标准:一政治,二技术。一开始就要建立起这种好传统。"[1]由此,为生产和国防服务成为新中国成立初期体育发展的总方针,又红又专和重视思想政治工作则是中国体育发展对运动员的基本要求。

　　新中国成立后山西省的体育事业也是在这样的指导方针下发展起来的。贺龙在1958年观看了山西省运动会,并听取了山西省体育工作的汇报后指出:"山西能召开这么大的运动会,很好。党和政府花了这么大的力量,我们一定要把这次运动会有始有终地开好。毛主席从来就很重视体育工作,早在四十一年前,就写过《体育之研究》,大家要好好学习和研究。这在理论上,政治上对我们都有很大启示;毛主席还亲手题词:'发展体育运动,增强人民体质';主席那么大年纪了,还参加体育锻炼,曾几次横渡长江;毛主席最近在湖北视察,提出要大办民兵师,说民兵师是军事组织,又是劳动组织,又是教育组织,这就是党的方针政策。我们需要很好地研究一下,这个组织应该围绕一个中心,这个中心就是生产和国防。体育为生产,体育为国防,国防也是为了生产。如果体育不是为了生产和国防,对国防没有帮助,那我们的体育就是白搞了。"[2]贺龙通过对生产、国防与体育的论述对新中国

---

[1] 胡耀邦:《在共青团中央军体工作会议上的讲话》,1960年1月21日。山西省体育局档案室藏。
[2] 徐英、关彬:《贺龙副总理接见山西体育界并做指示:依靠党的领导,做好体育工作,先当学生,后当先生,再当学生,再当先生》,《体育报》1958年10月23日。

的体育发展方针进行了表述,并对体育事业的发展方向提出了要求。对于具体体育运动项目的发展,贺龙则更进一步指出:"大家可以研究一下,要搞一些具体措施,体育工作者首先要抓田径,田径是基础。各项体育运动都离不开田径。要把田径好好搞起来。田径运动不受场地限制,到处都是战场,什么人都可以参加,所以也容易普及。"①关于运动员的选拔方向,贺龙特别指出:"要大量在工人、农民中培养运动员。要发挥运动员的集体力量和智慧。三个臭皮匠,就顶个诸葛亮。我们的民族是勤劳、勇敢、朴素的民族,有着固有的民族体育传统。我们要很好地研究它,发扬它。"②值得注意的是,贺龙此时已经提出要研究、发扬民族体育传统,这对于武术运动的发展无疑起到了重要的推动作用。

根据当时中央的指示精神,在新中国体育发展方向的指引下,体育工作的发展坚持必须有利于为生产和国防建设服务的方针。在这样的基本时代诉求下,"群众性体育活动,应该本着自愿、业余原则,适当地开展。体育活动还要和民兵训练结合起来。学校的体育工作,必须首先上好体育课,坚持各种可行的课外体育活动,不能以劳动来代替体育活动"③。1959 年,中共山西省委第一书记兼山西省军区政治委员陶鲁笳针对体育工作发展指出:"我们要高举毛主席军事思想红旗,大搞民兵建设,大力开展全民体育活动。体育工作要和民兵工作结合起来,为国防培养后备力量。……大办民兵和大搞体育活动的事实证明,对促进工、农业生产继续跃进,起了巨大的作用。任何轻视民兵建设和体育工作的观点都是极其错误的。"④陶鲁笳指出了体育工作的重要性,并指出体育工作要为国防培养后备力量,为工农业生产服

---

① 徐英、关彬:《贺龙副总理接见山西体育界并做指示:依靠党的领导,做好体育工作,先当学生,后当先生,再当学生,再当先生》,《体育报》1958 年 10 月 23 日。
② 同上。
③ 关彬:《体育活动要为生产和国防建设服务,省体委、省军区联合召开全省体育工作会议》,《山西日报》1962 年 1 月 18 日。
④ 苏文、关彬:《大搞民兵建设,大办全民体育,全省民兵、体育工作会议在太原举行》,《山西日报》1959 年 3 月 26 日。

务。1978年,"文化大革命"刚刚结束,体育事业的发展就被提上日程。山西省体育工作会议指出:"高速度发展我省体育事业,是在新的形势下广大体育工作者、运动员所面临的紧迫任务。全体代表听了全国体工会议精神的传达,心情非常激动,感到坐不住了,决心大干苦干,干出成果,尽快改变全省体育工作的面貌,以实际行动为祖国争光,为山西人民争光。与会代表还紧密联系体育战线的实际,畅谈了在省委和各级党委领导下,全省体育战线的大好形势;用一分为二的观点,找到了工作中的差距;讨论制定了全省体育事业三年、八年发展规划,研究了具体措施。"[①]在20世纪80年代的体育发展过程中,具体到武术运动,当时的国家体委对于武术的发展指出:"我国传统的武术,和围棋等棋类项目,继续在全国广泛开展,可采取建立武术馆、棋院等方式提高水平。"[②]这也成为相当长时间里武术发展的基本方针,直接推动了武术运动在全国各地的普遍开展。

由此,在新中国成立后的相当长时间里,体育事业的发展无论是竞技体育成绩的提高还是人民身体素质的提高都与国家需求有着直接的关联。武术作为中华民族固有的民族传统体育项目,一直以来都受到国家的重视。新中国建立以后,为了有益于武术运动的健康发展,国家体委委托专家,对武术运动进行了改造,将原先的"搏杀术"改造成以武术套路为主的竞技武术运动,20世纪80年代以后又逐步发展形成了对抗性的武术散打运动,21世纪初发展了讲求传统的武术功法运动,最终形成了三位一体的竞技武术运动体系。基于这样的发展路径,1958年开始的山西武术运动的发展就不再与以往的武术竞斗相同,而逐步发展成为规范的竞技武术运动。所以,武术运动形式本身就与国家需求的因素紧密相连。

---

① 省体工会报道组:《普及与提高相结合,努力发展体育事业,全省体育工作会议在太原召开》,《山西日报》1978年3月19日。
② 《国家体委关于加速提高体育运动技术水平的几个问题的请求报告》,此件经国务院批准,国家体委1980年3月28日下发。山西省体育局档案室藏。

"1958年为了参加奥运会组建武术队。"①这是张希贵先生对武术队建立的一个基本认识。虽然中国随后因国外反华势力制造"两个中国"而退出国际奥委会,一直到1984年才再次返回奥林匹克赛场,但中国希望能在奥林匹克赛场取得好成绩,期望本民族的体育项目进入奥运会的愿望是一贯的。"没有机会在奥运会上夺金,是我人生中最大的遗憾!"②"武术王子"原文庆的这番话也可以反映出运动员为国争光的情结。事实上,没有国家力量的支持,体育的发展也不可能实现。山西省政府几十年持续为体育事业的发展投入了大量的经费。因为运动员是体育运动发展的主体,所以在运动员的投入方面,1991—2005年的15年间有着十分迅速的增长,政府的支持为山西体育事业的发展提供了强大的动力源泉(见图9、图10)。③

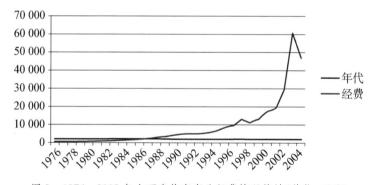

图9 1976—2005年山西省体育事业经费情况统计(单位:万元)

山西省武术队的发展已经走过了近60年的历程,所有的发展都是在国家的支持下实现的。运动员一进队就成为国家的正式工作人

---

① 采访张希贵,采访者田文波,2015年3月12日,地点:张希贵寓所。
② 李永平:《原文庆:痴痴奥运情》,《山西日报》2004年7月26日。
③ 国家政府对体育的投入是巨大的,关于山西省对体育事业的具体投入参阅文后所附山西省体育事业经费执行情况表。关于图11、图12的数据统计,1949—1990年的数据(见附表1)引自《山西通志·体育志(第四十二卷)》,中华书局,1995年,第450页。1991—2005年(见附表2、3、4)的数据引自《山西省志·体育志》,中华书局,2014年,第923—924页。

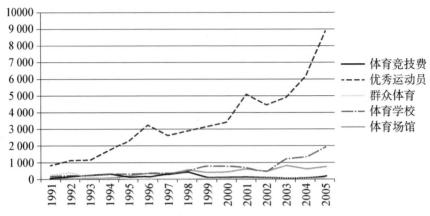

图 10 1991—2005 年山西省体育事业经费执行情况统计(单位:万元)

员,在训期间的食宿、运动服装、训练以及生活补助和工资都是由国家提供,生活设施、训练保障设施都随着时代变迁而不断地得到更新。20世纪70年代以后,武术也与乒乓球运动一样成为外交战线的重要力量,武术队曾多次出国访问,为出访国表演中国武术[①]。这一方面传播了中国古老的民族传统体育文化,另一方面也是对武术运动发展的巨大促进。

正是在国家和政府的支持下,山西省武术运动才得以持续辉煌,也才能成就山西省武术运动员这样一个优秀的群体。由此,国家需求就成为山西省武术运动员群体形成的根本要素。

二、群体形成的重要因素:家庭需求、个人兴趣、健康与教育

师徒传承是武术运动主要的传承方式[②],这就决定了武术运动的

---

① 山西省地方志编纂委员会编:《山西通志·体育志(第四十二卷)》,中华书局,1995年,第364—366页。
② 师徒传承是中国武术传承的主要方式,在1915年济南镇守使马良的《新武术》颁布之前,师徒传承是武术的主要传承方式,之后,学校教育逐步成为主导性的武术教育形式。但由于武术文化的特殊性,师徒传承至今仍是武术的重要传播方式。

初学者往往都会有自己的师傅,即使是在当下也有许多运动员依然将自己的教练称为师傅。所以,武术运动员群体中有许多是因为家庭传播和个人爱好而投身这项运动的。庞林太"早年拜武术名家何振江、张希太为师,专学查拳并兼学形意拳,对中国其他传统武术也有较深造诣。1956年他在太原师范上学时参加了全省摔跤比赛,获第二名,并被选拔到省摔跤队。训练之余,他又自习武术。到第二年,他在山西省武术、摔跤比赛中力挫群雄,独占两项比赛的鳌头"①。张希贵"自幼习武,启蒙武师是山西国术促进会著名的少林拳术教练郝学儒先生。张希贵随郝师学艺十载,掌握了少林拳、太极拳及长短器械的许多套路和功法,为从事武术事业打下了良好的基础。1958年8月,张希贵代表太原参加了在太谷举行的全省武术比赛,名列前茅。同年10月又代表山西省赴北京参加全国武术比赛,获三等奖。同年,山西省体委为迎接第一届全国运动会,组建武术队,张希贵被选中进了省武术集训队,担任队长。"②张玲妹"1957年考入太原三中,逢学校成立武术队,她第一个报名参加。后在体育老师刘春芗的引荐下,开始跟启蒙教练庞林太学练武术,一年之后在太原市武术比赛中获查拳、坤吾剑两项第一名,时年只有13岁,从而入选太原市武术队"③。贾慧卿"自幼喜爱武术,上小学时在家庭支持下跟随太谷县李三元学艺。白天上学,晚上习武,从不间断。从1964年开始,她和自己的两个妹妹组成一支武术队,多次代表太谷县和晋中地区参加武术比赛"④。王冬莲"幼年时受父亲的影响,喜爱体育运动。11岁时参加山西省武术队,在著名教练庞林太指导下习武"⑤。文喜太"早年受其姐姐的影响对武术产生浓厚兴趣。1975年进太原市体校进行了业余训练,为他后来称

---

① 编辑部:《庞林太》,《山西体育文史》,1989年总第12辑。
② 同上。
③ 同上。
④ 张日申、王斌海:《山西体工队史》,山西省体工队,1993年,第417页。
⑤ 编辑部:《王冬莲》,《山西体育文史》,1989年总第12辑。

雄武坛奠定了良好的基础。1977年,他进入山西省武术队开始接受系统训练"①。王爱珍"8岁时就到太原市少年宫习武,后转入山西省体育馆业余武术班学习"②。通过以上这些武术运动员进入运动队伍的过程,我们可以看出,家庭因素和个人兴趣是山西省武术运动员投身武术运动的重要因素,也是山西省武术运动员群体形成的重要因素。

个体发展的健康需求也是武术运动员群体形成的重要因素。武术是中国传统体育文化的代表,其健身价值早已得到了社会的广泛认可。因此,许多运动员进入武术队最早的出发点是出于个体发展的健康需求。武元梅"因当年身体很瘦弱,在母亲的请求下,拜同院邓威胜武术老师为师。一年后,大同市选拔武术运动员,准备参加山西省运动会,武元梅被选中了,1958年3月,代表大同市参加了省运会。会后,被留在省队集训,准备参加第一届全运会"③。巩铁练"幼时身体孱弱多病,为了健康,其父让他拜山西榆次民间拳师杨明理学艺。经一段时间的锻炼,他的身体素质明显增强,且有了一定的武术基础。12岁时,山西省武术队选调队员,他被教练张希贵选中入队"④。陈凤萍"童年时,身体很弱,读书以后,上体育课时曾经晕倒过,从此便不再上这门课了。她喜欢唱歌跳舞,是学校文艺宣传队的活跃分子。一个偶然的机会,她走上了体育之路。1973年,太原市体校到学校挑选队员,宣传队的同伴们很多都被选上了,她也名列其中,从此开始接受业余训练。1974年又被选入山西省武术集训队,当时她的身体素质仍然很差,训练时常常生病或受伤,但她以顽强的毅力坚持刻苦锻炼,克服了很多意想不到的困难"⑤。原文庆"在小的时候身体很瘦弱,时常患感冒。为了让儿子有一个强壮的身体,父母在他9岁时把他送进当地

---

① 张日申、王斌海:《山西体工队史》,山西省体工队,1993年,第418页。
② 同上书,第404页。
③ 编辑部:《武元梅》,《山西体育文史》,1989年总第12辑。
④ 张日申、王斌海:《山西体工队史》,山西省体工队,1993年,第404页。
⑤ 编辑部:《陈凤萍》,《山西体育文史》1989年总第12辑。

武校"①。韩丽云也曾回忆道:"1976年进入业余的武术训练当中,我真正的开始接触到武术,每天在放学后到体育馆接受武术的基本功训练。开始时是有些新鲜感,到后来每天都是这样,都要拉韧带及各部位的柔韧,而且压得越来越疼就有点想退出了,加之那时我的身体不是很好,有胃炎及慢性支气管炎,那时还要在胸前扎针。那时我的妈妈就心疼,怕训练对我的身体影响更大,导致我的病情严重。为此我的教练专门到我的家里做我妈妈的思想工作,说不会对我的病情有影响,而且通过武术训练可以对病情好转有帮助。于是妈妈同意了我继续接受武术训练。这样我的武术习练就一直到现在。为此我对我的教练表示深深的感谢,没有他们的鼓励与坚持,我是不会在武术方面有现在的发展的"②。由上可以看出,许多武术运动员出于健康的需求走上武术之路并成为优秀的武术运动员。

与上述两种因素不同,继续自己的教育和体育训练等因素也使山西省部分武术运动员走上了自己的运动道路,成为山西省武术队这个优秀团队的一员。康任侠成为武术运动员就是出于继续体育运动训练的需要。康任侠开始接受的是体操运动训练。后来,由于她的体操教练被调走,导致她失去继续练习体操的机会。为了继续已经开启的体育运动训练,康任侠"被推荐给了在同一个训练馆里训练的武术教练,从此真正开始了武术运动生涯"③。

当然,客观分析武术运动员群体的形成,能够被选拔进入省级武术队,根据当时国家关于运动员身份和待遇的相关规定,就能够享受到"国家待遇",成为"国家人",也是很多小运动员能被家长同意中断正常的中小学教育,而选择进入省武术队的一个非常重要的、潜在的社会致因。

群体形成的因素是复杂的,并不是单一的,许多运动员是在多重

---

① 李永平:《原文庆:痴痴奥运情》,《山西日报》,2004年7月26日。
② 据韩丽云为本研究提供:《韩丽云自述》,2015年2月18日。
③ 据康任侠为本研究提供:《康任侠自述》,2014年9月21日。

因素的共同作用下进入运动队的,对于国家需求的反应,为国争光,为了武术爱好,为了身体健康,等等不一而足。因此,除去国家需求的客观因素以外,家庭需求、个人兴趣、健康与教育发展需求等运动员自身的主观因素也是群体形成的重要原因。这些因素与国家需求一起推动了山西武术运动员群体的形成,推动了山西竞技武术运动的发展。

第三章

从业余走向专业：运动员生活秩序的固化

1958年，山西省武术队正式建立。为了加强运动员队伍管理，所有进入运动队的运动员都进入了准军事化生活，出操、训练、文化课学习都是一丝不苟地执行着半军事化的有关规定。准军事化的生活既给运动队带来了严格的管理，同时也使运动员的生活刻板而简单。在训练比赛过程中，运动员们不折不扣执行着训练计划，专心致志于运动成绩和运动技能的提高。进入20世纪90年代以后，中国体育的发展开始摒弃以往的训练道路，尽管"三从一大"依然被认为是重要的训练理念，但科学化训练已是不可逆转的潮流。与此同时，运动队的管理也无法维持曾经长时间占领中国体育支配性地位的管理模式。这一时期，运动队的管理处在一个探索阶段，教练们一方面要严格管理，限制队员与社会的广泛接触，同时又必须遵从社会的变化，让运动员们与社会的正常接触逐步扩大，从而避免管理僵化造成的运动员与教练对立事件的发生。但是，这种相对的"宽松"只是作为运动员固化生活秩序的人性化调整，相对于运动员们长期形成的生活秩序，这些调整并未改变运动员生活的"准军事化"和训练中"职业化"的基本范式。从业余到专业，运动员们的生活秩序发生了很大变化。在长期发展过程中，运动员形成了一种全方位的规训的生活秩序。

第一节　运动生涯的开始：
从普通个体到"国家的人"

山西省武术队 1958 年建立以后，开始招收培养年青队员，无论是队伍的建立还是运动员的培养都是一个摸索的过程。到 2000 年前后，大约有 500 多个运动员进入武术队队伍（包括试训队员，正式的队员约有 100 人左右），这些运动员都是在十岁左右进入运动队，一直到退役，运动员们在运动队度过了自己的青少年时代，人生观和世界观在这一时期走向成熟。所以，运动员从一个业余的武术爱好者到专业的武术运动员，不只是一个简单的身份转换，也是他们生活轨迹的一个重大转折。

"科学选材，是培养优秀运动员的第一步。武术套路运动是踢、打、摔、拿、击、刺等带有攻防含义的动作，根据攻守进退、动静疾徐、刚柔虚实等规律组成套路进行演练，各类动作都有完整优美的静态造型和动态过程的合理幅度，这就对形态、体型和柔韧、关节的活动范围提出了较高的要求；动作演练的节奏、劲力、跳跃动作的高度、手眼身法步和器械的密切配合，闪展腾挪、窜蹦跳跃等演练技巧也提出了相应的身体素质要求。"[①]在武术运动员的选材标准上，庞林太教练归纳出："体型形象以身高中等和中下等、四肢匀称、胖瘦适中、五官端正、眼睛明亮有神为宜。"[②]在选材的步骤方法上庞林太认为：选材要宽，时间要长，要先制定选材标准，经过初选、初测、初试、复试、观察、训练，从中筛选。从原文庆以及在他之前的武术全能冠军王冬莲、栗小平的培养结果看，充分证明这种选材模式的成功之处。

---

① 庞林太：《析原文庆的成材之路》，《中华武术》1989 年第 8 期。
② 同上。

早期的武术运动员选拔,往往是依靠教练的个人判断,教练根据训练经验选拔具有潜质的孩子进入运动员队伍。

康任侠对自己运动生涯的开始回忆道:"我出生在一个普通的家庭,父亲是一名军人,母亲是一名普通的工人,在孩子中我是老小。听父母说我是在过5周岁生日那天姐姐们带我到她们的学校玩,正巧碰到她们的体育老师,通过那位体育老师的介绍,父亲带着我到了太原市二十三中,见到了那里的体操教练陈蓉老师,当时陈老师看了看我的肩、腰、腿,就告诉我父亲回家拿铺盖住校跟着训练吧。从这一天起,我就和体育结缘了。从1982年7月开始,一直到1984年8月左右,我进行了两年的业余体操训练。由于体操教练工作的变动,我中断了体操训练。之后体操教练把我推荐给了在同一个训练馆里训练的武术教练,从此我真正开始了我的武术运动生涯"①。

韩丽云也有类似的回忆:"那是一个偶然的机遇和巧合,一天,我们正在上体育课,体工队的武术教练到学校选拔队员,体育老师让我们几个平时在班里比较活跃的同学出来,教练经过对我们身体机能与肌肉类型的测试,选拔出几位同学进入武术业余队的训练当中。这是我的启蒙教练:刘玉福和席耀祖。"②

但是,在武术运动队建设的过程中,众多的运动员在入队以前必须经过严格选拔。运动员在正式进入队伍以前或出于喜爱或出于偶然因素,大都接受过业余武术训练,掌握了一定的武术基本功,但由于竞技武术对个人的力量、速度、灵敏等基本素质有较高的要求,这就决定在成为一个运动员以前,这些武术爱好者们都在年龄更小的时候开始进行相应的武术练习。原文庆在9岁时就开始了自己的业余武术训练,11岁进入山西省队成为专业武术运动员。③ 康任侠则在7岁时

---

① 据康任侠为本研究提供:《康任侠自述》,2014年9月21日。
② 据韩丽云为本研究提供:《韩丽云自述》,2015年2月18日。
③ 王玉宾:《他发现两个世界冠军——记山西长治市武术队教练赵子建》,《中国体育教练员》2002年第2期。

开始自己的业余武术训练,10 岁进入山西省队成为专业武术运动员。①

也有武术运动员是通过比赛选拔的。袁新东对自己进入武术队回忆道:"我是通过比赛选拔上来的,先是在山东宋江武校训练,1987 年到了长治,代表长治打比赛,1990 年到体育馆,1991 年入队参加临训,1995 年转成正式队员,我是最后一批以招工形式进来的队员,现在的队员省里规定是中专或者是大专毕业之后派遣,这样从某种角度来说会影响我们运动员的质量,因为这就涉及水平好的队员一时半会儿转不了正式,包括我也是,1994 年我已经全国第 6 了,但是到 1995 年才转成正式队员的。"②

从其他运动项目运动员进入运动队伍的过程我们可以得到入队队员的相应印证。吴增仁③在谈到自己进入自行车运动队的经历时,依然记忆犹新:"当时是省里头有因"文化大革命"下放的几个教练搞业余训练,邀请我参加。当时的社会环境没有什么娱乐活动,我觉得骑自行车还能接受,因为(自行车)本身就是个交通工具,我觉得还行就参与了。除了正常保证我的三班倒(我是三班倒的工人),业余时间就参与活动,只能算活动。当时的自行车训练是非常普及的。我是代表太钢参加自行车北城区选拔赛的,入选之后再代表北城区参加太原市选拔赛,1979 年 8 月,我通过太原市选拔赛成为太原市运动员,之后又参加了全省比赛。同年 10 月份在榆次,我参加了省运会。当时我参加的项目都获得了第一,后被陈彦龙教练拟定为省队队员。为什么说是拟定,因为当时太原市有运动员招收指标,经费保障必须要有指

---

① 据康任侠为本研究提供:《康任侠自述》,2014 年 9 月 21 日。
② 采访袁新东,采访者田文波,2015 年 3 月 11 日,地点:山西省武术运动管理中心。
③ 吴增仁,山西省自行车运动名将,1973 年至 1983 年间为山西省自行车运动员,曾经在第四届全运会上一人夺得自行车比赛 5 枚金牌,成为新中国成立以后自行车运动一次全运会获得金牌最多的运动员,在其运动生涯中共为山西省获得 10 枚全运会金牌,是山西省全运会历史上获得金牌最多的运动员。退役后曾先后担任山西省自行车队教练、山西省体工队副大队长、山西省射击射箭运动管理中心主任、山西省竞赛管理中心主任等职。

标,不能说我要 30 人,(招了)100 个,那 70 个就没有钱保障了,(所以)就不行。我休息了一个月,11 月 15 日把我调到省自行车队。"①

郝全成的入队就经历了比较坎坷的历程:"我那会初中还没有毕业,正好听说榆次有个自行车队,我想当运动员,就和几个朋友一起去让教练看看,后来就把我留下了。留下后我就在那一直练了有几年(在榆次),1986 年就参加了山西省运会。1986 年冬天省里头搞了个集训,我在五龙口集训了一冬天。那会我的成绩还挺好,练得也挺好,后来在榆次又练了两年。1988 年,段林章(教练)组织准备参加沈阳全国二青会的队伍,我就在这一年的四五月份再次进入省队。"②从郝全成的经历我们可以看出成为一名专业运动员并不容易,实现这个目标也需要坚持和追求。

张建丽在进入自行车队以前没有从事过自行车运动的经历,"1978 年,当时正好浑源有个全省的田径比赛,我那时在我们朔县体校练的是田径,跑的 400 米,还有 800 米、1 500 米。省自行车队来挑队员,也是相当于运动员选材吧!(但是)我不是搞自行车的,田径和自行车是两个不同的运动项目,后来就被选进自行车队,之后是王双福教练带我。先开始集训了十五天,十五天以后又通过第二次选拔,接着试训三个月,合适就三个月以后留下,如果成绩不好就把你退回去了。我三个月试训完就留到省队了,进入了省自行车队,也就是从 16 岁以后就参加了自行车这个项目。"③张建丽通过改变自己的运动项目,经过专业队伍的选拔,实现了她成为一名省队运动员的追求。

丁永康曾经是山西省摔跤队的队员,他也经历了运动员选材的过程:"我小时候身体明显比同龄人要结实,个子也高,到学校选队员的教练发现我的特长,问过我如何选择,我犹豫了,教练笑着告诉我,参加训练可以带工资上中专,所以我就选择了体育。那一年我 14 岁,初

---

① 采访吴增仁,采访者田文波,2016 年 5 月 19 日,地点:山西省体育竞赛管理中心。
② 采访郝全成,采访者田文波,2016 年 5 月 17 日,地点:山西省自行车击剑运动管理中心。
③ 采访张建丽,采访者田文波,2016 年 5 月 18 日,地点:山西省自行车击剑运动管理中心。

三,一个人独自离开家,来到体育训练队过起军事化的集体生活。"①

由以上事例我们可以得到佐证,武术运动员进入运动队伍与其他运动项目是一致的,其过程往往需要得到教练的肯定,然后再经过试训等步骤,从而确定其是否具备应有的运动潜能,是否能够适应运动队伍,然后才能决定其是否能够成为一名正式的运动员。而且,运动员的选拔随着运动科学化水平的提高,时间越后移,选拔的条件也越复杂,从对原文庆的"慧眼识珠"到袁新东的全国第六尚未入队,我们可以清晰地看出运动员选拔的变迁逻辑。

值得注意的是,在进入运动队之前,这些准运动员们无论是生活还是训练习惯都还处于一个普通大众的生活状态,他们依然要正常地上学、玩耍、休息,而远非真正的运动员的生活状态。进入运动队以后,这些通过选拔的孩子们变为严格规训的训练集体中的一个普通个体,成为有各种国家保障的国家人,他们的生活秩序面临第一次打破后的重建。

韩丽云对自己运动生涯的开始阶段有着清晰的记忆:"从业余训练进入到少体校,那时的训练就相对稳定了很多,也相对系统(上午上课,下午训练)。那时,教练对我们的要求是很严格的,训练的量也开始有了变化,每天的身体素质训练及两天一次的力量训练,让人感觉非常累,晚上还要进行文化课的自习。但是尽管这样,那时还是觉得比较快乐的。"②

罗俊伟回忆道:"我是 1975 年生人,来队之前是在忻州体校训练,但是当时是业余的,之后省队教练来这里选材,才来了省队。我 1985 年来这里试训,试训半年时间,试训合格之后是长训,长训时间是三个月,长训合格之后才是正式入队,在长训的时候就有一定的补助了,大约 11 块左右,但是吃饭还是自己花销,记得当时还是要交粮票的。当

---

① 据丁永康为本研究提供:《丁永康自述》,2016 年 4 月 19 日。
② 据韩丽云为本研究提供:《韩丽云自述》,2015 年 2 月 18 日。

时的伙食标准是按国家标准来的,也没觉得这些年有什么变化。1988年10月,我以招工的形式转成正式队员,由于指标的原因本来9个月转正拖了两年多,但是计算工龄是从长训开始的。成为正式队员以后工资就涨到30多块了,当然那个时候也不叫工资,叫运动津贴。"①

李莉回忆:"我1974年6月入队,庞教练刚组队,在太原市各个学校挑素质好的队员,大概有上千人。然后一批批的选择,最后留下十几个,那个时候我还不到10岁,从太铁六校到队里的,那时学校里面叫宣传队,进队以后练到了83年底,将近10年。"②

在经过选材之后,运动员要成为一名专业队员还需要经历试训、长训的过程,最后才能成为国家正式的运动员。成为正式队员后,运动员们开始具有了国家的身份,获得国家提供的运动员津贴就意味着他们开始有了固定的职业收入。

但是,进入运动队对许多年仅十来岁甚至更小的儿童少年来说,迎接他们的不只是鲜花和掌声。小运动员们要在庞大的训练体制内耐得住寂寞,要在运动队这个大的队伍里认真生活、积极训练,重新塑造自己的生活,才具备从众多青少年运动员中脱颖而出的可能,成为同龄人中的佼佼者。按照国家对运动员培养教育的要求,运动员们还要接受思想政治教育和文化教育,这样成为国家需要的人才。而且,运动员们训练成长的过程正值人生最容易塑造的时期,他们的一言一行在训练过程中随着身份的转换而发生剧烈的变化。

孩子们进入运动队中,成为一个体制内的运动员,首先意味着他们不再是普通的孩童,在本应是愉快玩耍的年龄成为具有国家编制、可以领取工资或津贴的"国家的人",成为国家体育体系中的一个微小的组成部分,肩负着使中国体育强大起来的使命。在举国体制中,他们已成为国家体育事业的基石。对于这些少年来说,此后相当长的生

---

① 采访罗俊伟,采访者田文波,2015年3月6日,地点:山西省武术运动管理中心。
② 采访李莉,采访者田文波,2015年3月8日,地点:山西省武术运动管理中心。

活亦即他们运动生涯的全部将为一个目标而努力:为国争光。

进入运动队的武术运动员们成为国家的人,运动员的工龄早在1970年代就有十分细致的规定:"凡自学校、农村或社会上正式参加到省、市、自治区专业运动队的运动员,自进入专业队之日起即算为参加工作,成为国家正式职工,与国家职工享受同样的待遇;以后在分配工作或复学、升学时的生活待遇等,均应根据国家对职工的有关规定办理。"①对于运动员的工龄计算,则明确指出要"按照《国务院关于处理国家机关工作人员退职退休时计算工作年限的暂行规定》的精神办理。正式调作专业运动员后,其参加运动训练的年限应计算为工作年限。来自机关、工厂、学校的正式职工,其参加运动训练的年限应与调作运动员以前的工作年限连续计算"②。同时,对属归国华侨的运动员成为运动员以前的工龄计算问题,则明确规定"应根据一九六二年七月十六日全国总工会、劳动部、中侨委《关于归国华侨职工加入工会及工龄计算问题》的规定办理"③。同时,凡属于临时集训的运动员,"在集训期间不作为参加工作,不应计算工龄。但通过集训选调为正式运动员,或集训后即分配了工作,其工龄应从参加集训之时间开始计算"④。对运动员工龄的严格规定既保障了运动员的利益,也避免一些不正常的现象发生。作为"国家的人",运动员进入运动队伍就开始受到国家相关政策法规的严格规约。

进入运动队伍以后,生活状态的改变使运动员们在接近于完全封闭的状态中习练运动技能。这一转变并非那么容易和简单,但是在教练们的严格管理下,在运动员们的努力下,这些少年逐步成长为一名合格的运动员,这是他们运动生涯的起步阶段,也是成为一个合格运

---

① 《内务部、劳动部、体育运动委员会关于专业运动员工龄计算等有关问题的联合通知》,1964年12月30日,(64)内人工字第261号,(64)中劳薪字第560号,(64)体干字第298号。山西省体育局档案室藏。
② 同上。
③ 同上。
④ 同上。

动员必须经历的时期。事实上,在运动员训练过程中一直有着很高的淘汰率,许多试训队员都在经过短暂的运动生涯后,因运动技能无法达到训练的要求或无法接受运动队伍严格的管理而迅速离开队伍。

进入运动队,运动员们从吃、住、行、练等方方面面都不再是简单的个体,而具有了一个模式化的生活范式,他们同吃、同住、同训、同学习、同休息,每天早晨要早起出操,然后就餐,参加技术训练,进行文化课学习,晚上训练直到统一休息。运动员们朝夕相处,和教练形成了一种紧密而又特殊的关系。教练员在运动员运动技能培养中的作用是毋庸置疑的,但同时他们在运动员生活的管理上和生活习惯的养成上也需要付出巨大的精力。运动员没有起床,教练员们已经起来了,运动员年龄小,训练量大,睡不醒,需要教练们早起唤醒他们出操;运动员不具备简单的生活能力,需要教练们去照顾;吃饭在大食堂,武术队的队员们年龄小,需要教练照顾,甚至帮他们买相关的生活用品;运动员训练完了,需要教练们帮助他们放松;运动员训练中受伤了,需要教练们带他们去治疗;运动员们该休息了,教练们还要查房,看他们休息后才能进行一天工作的总结。教练员在长期的生活训练过程中与运动员成为一个完整的协合体,运动员逐渐走向成熟,在日积月累中形成了特定的生活轨迹。

对于刚进入武术队的小孩子而言,成为一个合格的运动员,需要经历一个漫长的过程,这个历程不仅是生活和训练的适应,更需要心理的适应。栗小平在训练初期就曾经经历了这样的一段历程:1976年,栗小平由于在哈尔滨举行的表演赛中连续出现几次失误,受到了庞林太教练的批评。她心里不高兴,回到太原后因为几次训练课表现不佳再次受到批评,萌生了放弃训练回家的念头,然后擅自离开运动队回家。回家后,父母了解了她回家的原因,感觉她练了三年武术,中途放弃太可惜了。在父母的劝说下,栗小平重新回到运动队,练习自己喜爱的武术。她暗自下决心要当一个好运动员,尽管路途艰难,她一定要坚持下去。①

从栗小平的经历可以看出，从一个普通的社会个体成为一名专业运动员，适应自己的专业身份和职业生活，建立运动员的生活秩序，需要运动员们为此付出艰辛，经历身体和心理的磨炼，有时甚至需要经历一个较长时期的曲折过程。

运动员在成功建立自己的生活秩序后，最重要的是提高自己的技术水平和运动成绩。为此，他们在训练中付出了巨大的努力。"心灵身巧的栗小平在教练指点下，每一个动作都严格要求自己。她性格内向，聪明好学，最大特点是善于思索；若在训练中有一个动作完成得不好，她休息时想，晚上睡觉前还要想，一直想到找着原因为止。用她的话说：'不让功课拖过夜。'她对一招一式都要细细品味，反复咀嚼，直到完全消化。但是对于一个并非出自武林世家的小姑娘来说，要跻身武林高手之列，可不那么容易。然而栗小平靠的是苦练基本功，更有一种勇于拼搏的精神。正如她自己所说：'训练中的艰辛和痛苦，需要运动员默默地承受。'为了练好拨、扣、扎这一基本枪法组合动作，常常练得连胳膊都抬不起来；为了腰背肌和枪法、剑法中的劲力等苦练基本功，常常练得腰酸背痛，可她从未叫过一声苦。在套路的编排上更是力求技法的准确性。"②栗小平就是在这样的刻苦训练中成长为一名优秀的武术运动员的。

运动员在训练过程中，运动技能的掌握是有差异的，有的运动员很快就会成为主力队员，但有些运动员成绩的提高就会相对慢些。但运动技能掌握的快慢并不能成为衡量运动员好坏的简单标准，因为有的运动员可能出成绩快，有的运动员可能出成绩慢③。在长期的训练中，运动员的技术定型也有早有晚，但他们都无一例外地会形成自己

---

① 钱江：《通向武术高峰的道路——记优秀武术运动员栗小平》，《中华武术》1984年第4期。
② 马超英：《武术奇葩栗小平》，《山西体育文史》1985年总第4辑。
③ 山西队的袁晓超在2005年首次获得全运会冠军时才17岁，北京队的赵庆建2005年首次获得全运会冠军时已27岁，可见运动员成绩取得时年龄差异性的巨大。

一定的技术特点,亦即形成自己的基本技能发展轨迹。一般来说,当一个运动员的技能发展基本停滞后,如果这名运动员还不能成为优秀运动员,那么也就是他离开这支队伍的日子。但是,长期的训练留给运动员们的印迹是深刻的,无论是生活还是训练方式基本固化在这些运动员的一生中。

当然,如果我们仔细考察,运动员们的生活并不像我们所感觉的无比枯燥,他们的生活同样充满活力。罗俊伟的回忆就充满了乐观:"那个时候管理很严格,早操6点就开始了,跑步、腰腹力量、专项训练,大概有一个小时吧,周日才休息。省体校的老师过来给讲课,就是语文数学,后来加过一段时间英语,上了大专就有运动训练和运动生理之类的课程了,但是大部分能上学的运动员还是少,因为那时候都是特招。业余生活就是打扑克、下象棋,队里面有时候也会组织活动,现在的队员在一个屋子里可能都说不了几句话,一人一台电脑一部手机,我们那个时候刚出来电脑,都组队去网吧去上网。"①这是因为,体育的本质是竞争,每一个运动员都希望自己成为优秀运动员。在1990年以前,成为优秀运动员从物质上获得的奖励并不丰厚,但是国家的荣誉却是现实的,有了这些就可以体现自己的人生价值,而且可以获得人生的阶梯甚至成为教练或者管理者,这对一个普通的运动员来说吸引力是巨大的。20世纪70年代,"(当时)队里的队员被招入队时就是领工资的,都是正式编制,虽然不多,但每人差不多每月二三十块"②。他们成为"国家的人"后,更需要体现自己为国家奋斗的价值。所以,在固化的生活轨迹后面,我们依然可以看得到每个运动员个体的不同差异性及其走过的不同人生道路。

此时的运动员的身体是工具化的,他们的一切不再只从属于自己,而是国家的"身体"。所以,在成为一名专业的运动员后,他们的生

---

① 采访罗俊伟,采访者田文波,2015年3月6日,地点:山西省武术运动管理中心。
② 采访张希贵,采访者田文波,2015年3月12日,地点:张希贵寓所。

活秩序也在长时期内形成了一定的简单而统一的规律,这要到他们退役的时候才能有所改变。事实上,这种固化的生活秩序可能影响他们终生。在许多退役运动员的回忆中,我们也可以看到他们曾经的运动生涯的影子。1958年以后,随着时代的演变,运动员们固化的生活秩序也不尽相同。但每个人的日常生活尤其是精神生活与训练团队高度融合,对这种准军事化生活秩序的高度认同并严格要求自己、刻苦训练,是成为高水平运动员的关键。

第二节　准军事化：运动员生活秩序的构成范式

　　运动员在省级运动队中的生活,不仅仅是严格的要求、辛苦的训练,不仅仅是运动技术和运动能力的训练和教育,国家对于运动队的管理和运动员的教育,有着非常完整的一系列要求和规定,从而形成了运动员群体在运动队中接受从思想政治教育、文化教育到技术教育等几乎是全方位的管理和教育;同时也享受国家提供的从工资、饮食到服装、鞋袜等类似于军队的生活保障和供养体系,过着准军事化的生活,从而形成了相对社会全体更为严格的生活秩序。山西省武术运动员的生活就是这种被严格确定了生活秩序的准军事化生活非常典型的实例。

一、思想政治教育

　　20世纪50年代以后,中国社会进入了一个生活秩序严格确定的时代,运动员在这样的社会氛围中也走向了严格的生活秩序。贺龙曾指出:"体育工作是关系六亿人民的事情。要做好体育工作,主要依靠党的领导,政治挂帅。工会、共青团、人民公社、学生会要共同配合。运动员重要的一条就是要听党的话,服从党和共青团的领导。打球主要是打政治,不是光打技术。人人都要插红旗,人人都要又红又专。第一是红,第二是专。运动员千万骄傲不得。不能翘尾巴,翘起来就要把它打下去,或把它割掉。"①"开展体育运动,必须破除迷信,破除对外国、对教授、专家的迷信。教授、专家的指导我们是重视的,但是他们必须先当学生,后当先生;再当学生,再当先生。这样他们才有用。这就是毛主席所说的'从群众中来,到群众中去'的群众路线,我们既反对洋教条,也反对土教条,特别是反对洋教条。要有独创精神。要加强对体育工作者和运动员的政治教育。"②由此可见,"红"与思想政治教育就成为国家对运动员管理的目标和手段。国家对运动员的思想教育有着很高的要求,不仅要求运动员要"打政治",也要求运动员要有"独创精神",为这一时期运动员的思想政治教育工作作出了严格的规范。

为生产和国防建设服务是 20 世纪五六十年代体育活动的重要目标。"根据体育工作是上层建筑的特点,(全省体育工作)会议认为体育事业的发展速度、规模,必须适应生产发展的水平,为经济基础服务。因此,必须根据目前形势,积极地贯彻执行党的调整、巩固、充实、提高的方针,使体育工作更好地为政治、为生产和国防建设服务。为此,首先要狠抓运动训练,并着重提高训练质量;其次,积极切实地开展群众性体育活动。"③在此基础上,山西省也对体育界的政治思想工作提出了具体的意见,"必须加强政治思想工作,促进体育队伍和体育工作的革命化。广大体育工作者和运动员必须努力学习毛主席著作,积极参加社会主义教育运动;体育队伍必须大兴'三八'作风。要认真开展群众体育运动,作好迎接二届全运会的准备工作,集中力量把第

---

① 徐英、关彬:《贺龙副总理接见山西体育界并做指示:依靠党的领导,做好体育工作,先当学生,后当先生,再当学生,再当先生》,《体育报》1958 年 10 月 23 日。
② 同上。
③ 关彬:《体育活动要为生产和国防建设服务,省体委、省军区联合召开全省体育工作会议》,《山西日报》1962 年 1 月 18 日。

四届省运会开好。会议强调指出:在各项工作中要认真贯彻勤俭节约精神,自力更生,艰苦奋斗,反对铺张浪费。"①作为党领导下的体育工作在这一时期显然有着更多的政治意味,也使运动员们的生活受到了浓厚的政治影响。

为了加强运动队伍的管理,运动队的思想政治工作一直受到管理部门的高度重视。1981年,国家体委颁发的《优秀运动队试行工作条例》对运动队的思想政治工作做出明确规定:"运动队伍思想政治工作一定要渗透到训练、比赛等各项工作中去。班队干部、教练要了解运动员的思想情况,关心运动员政治上的成长,和运动员打成一片,以身作则,起表率作用。坚持说服教育,以正面教育和表扬为主的方法,要善于疏导,实事求是,区别对待,注意掌握政策,划清是非界限,要把解决思想问题同解决实际问题结合起来,使思想政治工作经常化。关心运动员的物质、文化生活,开展生动活泼、丰富多彩的业余文化活动。加强党团建设,充分发挥党支部的战斗堡垒作用和党员的先锋模范作用,特别注意发挥尖子运动员和教练员中党员的模范作用和骨干作用。开展评选模范党员、先进支部活动,教育党员、干部模范遵守《关于党内政治生活的若干准则》,敢于和运动队伍中存在的不正之风、不良倾向作斗争。要采取积极慎重的方针,培养和发展运动员、教练员中的优秀分子入党。重视和加强团组织的建设和领导,配备专职团干部,充分发挥团组织的助手和突击作用,团的工作应适合青年的特点。团组织积极开展各种活动,加强对团员和青年的教育。"②运动队伍严格的思想政治教育提高了运动员的思想认识,成为运动成绩提高的有力保障。

计划经济时代带给体育运动队伍建设的影响也十分明显。对于为国家付出自己青春的运动员,国家对于他们的生活给予了十分细致

---

① 《紧抓思想革命,促进体育运动,四届省运会筹委会确定参加全运会项目和省运会等事项》,《山西日报》1965年3月15日。
② 国家体委:《优秀运动队工作条例》(试行),1981年6月20日。山西省体育局档案室藏。

的规定:"凡自学校、农村或社会上正式参加到省、市、自治区优秀运动队的运动员,自进入优秀运动队之日起即算为参加工作,成为国家正式职工,与国家职工享受同样的待遇;以后在分配工作或复学、升学时的生活待遇等,均应根据国家对职工的有关规定办理。"①在具体管理过程中,规定要"正确执行奖惩制度。对好人好事和成绩显著者,应给予表扬和奖励。对犯有错误者,应耐心地进行批评教育。对少数犯有严重错误,而又屡教不改的,应酌情给以纪律处分。对极少数严重违法乱纪者,必须严肃处理。禁止对运动员体罚或变相体罚"②。

思想政治教育的内容十分细致,此时的运动员已成为国家体育事业的重要组成部分,运动员的婚姻问题也是思想政治教育的重要内容,国家"提倡运动员以事业为重,迟恋爱,晚结婚。条例草案根据中央人民政府法制委员会对婚姻法第四条规定的解释,'在某些特殊情况下,作提高婚龄的规定',提出男运动员 28 岁以后,女运动员 26 岁以后结婚"③。上述规定不仅可以相对延长运动员的运动生涯,同时也使运动员的运动训练不会受到家庭因素的困扰。

进入 20 世纪 90 年代以后,国家对运动员的思想政治教育持续重视,通过对运动员进行深入的思想政治教育,使运动员将为国争光作为自己运动生涯中的基本精神诉求。只是此时的思想政治教育有别于改革开放前的政治第一,而变为和风细雨式的思想教育。随着改革开放的深入进行,运动员个体认识的提高,思想政治教育从简单的意识形态贯输逐步发展成为对运动员国家意识和社会意识的培养,从而提高他们的整体思想认识水平。原文庆在 1993 年退役后本已开始自己的演艺生涯,但为了响应国家的召唤参加 1994 年举行的日本广岛

---

① 《内务部、劳动部、体育运动委员会关于专业运动员工龄计算等有关问题的联合通知》(64)内人工字第 261 号。
② 国家体委:《优秀运动队工作条例》(试行),1981 年 6 月 20 日。山西省体育局档案室藏。
③ 《国家体委关于试行运动队伍工作条例(草案)的通知》,(63)体办字 13 号,1963 年 3 月 31 日。山西省体育局档案室藏。

亚运会而中断演艺事业,重新开始自己的竞技运动生活,成为新时期运动员思想政治教育的有力佐证。由此可见,国家对运动员的思想政治教育工作对运动员生活秩序的形成产生了巨大影响,也可以看出新时期运动员思想政治教育的重要成果。

二、文化教育

运动员为了更好地掌握运动技术,要提高专业理论知识,不断创造优良运动成绩,还必须具备一定的文化知识,为提高训练水平和将来从事其他工作做准备。运动员进入运动队伍时年龄还较小,武术运动员入队时基本上都还在读小学,所以运动员在训练比赛之余,加强文化教育也十分重要。国家在1963年对运动员的文化教育作出了细致的规定:"运动员的文化教育必须围绕训练认真安排,贯彻少而精和循序渐进的原则,既要保证教学质量,又不要使运动员负担过重。"[1]针对运动员入队前不同的文化程度,国家也提出了相应的教育办法:"凡初中毕业以下文化程度的运动员,必须学习语文、数学、物理、化学、历史、地理等课程,在一定时间内达到初中毕业文化程度。初中毕业以上文化程度的运动员,可根据文化程度,分别参照中等体育学校或体育学院课程,学习体育理论、解剖、生理、运动保健等体育基础理论,或根据专项业务的要求,学习有关课程。此外,还可以选修或自修语文、历史、外语或其他学科。"[2]在此基础之上,国家为加强运动员文化教育提出:"由于运动员入队时间先后不同,文化程度参差不齐,文化教育不宜与普通学校一样,应当细水长流,学完两三门课程再学两三门,直到某些必要课程全部学完为止。运动员比赛多、流动性大,文化学习既要规定必要的制度,又要机动灵活。比赛任务少时多安排,

---

[1] 国家体委:《运动队伍工作条例(草案)》,1963年3月31日。山西省体育局档案室藏。
[2] 同上。

重大比赛时期不安排。训练时期每周安排6小时至12小时(包括自习),全年文化学习时间保持在200—400学时。文化教育要坚持经常,反对突击和任意侵占上课和自修时间,要教育运动员坚持学习,不得无故旷课。如因重大比赛和其他原因,需占用一部分文化学习时间,应经有关部门批准,并另行补课。"①由上可见,国家对运动员的文化教育是相当重视的。但我们也应看到,运动员的文化课教育始终要围绕训练这个中心进行,导致运动员的文化教育尽管受到足够重视,但一直维持在较低水平上,这成为影响运动员退役就业的重要因素。

到1980年,《国家体委关于优秀运动队建设的几个问题》进一步指出:"从发展看,优秀运动队要逐步过渡到运动技术学院或体育学院分院(系、科)。目前有条件的省、市、自治区可积极试办,或办函授,以便从体制上根本解决运动员的文化学习和出路问题。文化学习经考试合格者,应发给中专或大学毕业证书。运动员离队前,专门进修一段时间,由国家统一分配作教练员或体育教师、体育干部。在运动技术学院或体育学院系科没办起来以前,要认真解决优秀运动队的文化学习问题,建立正规的文化学习制度。高中、初中入队的运动员,应经过学习,分别达到大专、中专水平,要保证必要的文化学习时间,每年应有250或300个小时。各级领导干部要充分重视这一问题,学习时间可以比普通中学延长2、3年。设必要的专职文化教员和兼课教师,下大决心克服各种困难,解决文化学习中教材、教学力量等实际问题。为使文化学习有比较集中的时间,对训练制度、生活制度、竞赛制度要进行必要的改革。"②此时,国家显然已经认识到解决运动员学历问题,提高运动员文化水平的重要性,将大专、中专作为培养运动员的基本要求,这对运动员个人素质的提高具有重要意义。

---

① 国家体委:《运动队伍工作条例(草案)》,1963年3月31日。山西省体育局档案室藏。
② 国家体委:《国家体委关于优秀运动队建设的几个问题》,1980年3月12日。山西省体育局档案室藏。

在国家重视的背景下，山西省体委和体工队的领导们在20世纪50年代就认识到，没有文化的运动员，是不可能攀登世界体育高峰的。这个道理对于以青少年为主体的山西省武术队来说具有更加重要的意义。所以，从山西省体工队建队伊始就坚持读训并重的方针，配备有大学毕业的专职文化教师，如张筠桐、刘文娟、黄碧英等；20世纪60年代有专职教师朴存根、李留棋、武建朴、张震，以及聘请山西体院郭鸿书、王天文等社会上的教师来队代课。"那时，基本上开设初中、高中文化课，体操小项目则以配备随队教师，如文革前朴存根就是体操班钢琴师兼文化教师。上课的方法，也采用过一周三个半天，或一周五个晚上，60年代，也一度采用过每天早饭后，训练前上一小时文化课的办法，但多半是冬训集中上，平时抽空挤的办法。"①

改革开放以后，随着国家对运动员文化教育重视程度的进一步提高，山西省体工队"从80年代开始鉴于社会的要求和认识上的深化，文化教育工作更为人们所重视，发展为小学、初中、高中、中专、大专和北京体院函授班、管理专业班多层次、多形式文化教育网络"②。山西省体工队的这些做法对运动员提高文化水平具有重要的推动作用，也有效地提高了运动队伍的整体水平，促进了山西省体育运动水平的整体提高。

罗俊伟回忆自己的运动员生活时，对文化教育还有着深刻的记忆："二四六下午不用训练，上文化课，一三五晚上上文化课，其他时间是训练。有时候为了适应晚上比赛，晚上也要去训练，运动成绩好的队员，学校可以考虑特招入学，但是上学还是在体校这儿上。"③由此可见，重视文化教育课对提高运动员的文化素质和综合素质起到了积极的作用，运动成绩好的还可以通过文化教育获得进入中高等专业

---

① 张日申、王斌海：《山西体工队史》，山西省体工队，1993年，第27页。
② 同上。
③ 采访罗俊伟，采访者田文波，2015年3月6日，地点：山西省武术运动管理中心。

学校读书的机会,为运动员将来退役生活秩序的建构奠定一定的基础。

三、工资与津贴

运动员们进入运动队伍不但获得国家的身份,在工资与津贴等生活待遇上国家也给予了十分细致的安排。1963年,国家对运动员的工资发放标准进行了规定:"运动员工资制度拟改行基本工资加技术补贴的新工资制度。现行运动员工资制度不尽适合体育运动的特点,不能解决运动员出成绩较快与工资等级提升较慢的矛盾,未能充分体现按劳分配的原则,并存在分级较多,级差较小等缺点。加上评定一般较低,近几年工资未动,以致新老运动员之间、运动技术水平提高较快的与提高较慢的运动员之间工资不合理的现象比过去突出。会议认为,必须根据政治教育和物质鼓励相结合的原则,从工资政策上解决上述问题,采用基本工资加技术补贴的办法,除基本工资部分作必要的改进和及时调整外(运动员技术水平的变化较快,运动寿命较短,应每年调整一次工资,调整面可比一般职工稍大一些),对创造优秀运动成绩者发给定期的技术津贴。原则上补贴金额不宜过高,享受年限不宜过长,补贴范围不宜太广;具体办法拟定后报有关部门批准施行。这样,就可以更好地体现按劳分配的社会主义原则,促进我国运动水平更迅速地提高。"[1]国家统一制定了优秀运动员的工资标准,为运动员的生活提供了具体的保障(见表1)。在运动员基本生活得到满足的基础上,"按劳分配"作为运动员工资发放的基本原则,成为运动员训练积极性的有效保障。

---

[1]《一九六二年全国体育工作会议报告》,此件经中央宣传部同意,国家体委1963年3月12日下发。山西省体育局档案室藏。

表 1　修订后的全国体育事业优秀运动员工资标准表①(1963 年 8 月)

级别	工资标准(元)								
	3	4	5	6	7	8	9	10	11
1	127.0	131.0	134.5	138.0	141.5	145.0	149.0	152.5	156.0
2	114.5	117.5	121.0	124.0	127.5	130.5	134.0	137.0	140.5
3	102.0	104.5	107.5	110.5	113.5	116.0	119.0	122.0	125.0
4	91.0	93.5	96.5	99.0	101.5	104.0	106.5	109.0	112.0
5	80.5	83.0	85.0	87.5	89.5	92.0	94.0	96.5	99.0
6	72.0	74.0	76.0	78.0	80.0	82.5	84.5	86.5	88.5
7	64.5	66.5	68.5	70.0	72.0	74.0	75.5	77.5	79.5
8	57.0	59.0	60.5	62.0	63.5	65.5	67.0	68.5	70.0
9	51.5	53.0	54.5	56.0	57.0	58.5	60.0	61.5	63.0
10	45.5	47.0	48.0	49.5	50.5	52.0	53.5	54.5	56.0
11	40.0	41.0	42.0	43.0	44.5	45.0	46.5	47.5	49.0
12	34.5	35.5	36.5	37.5	38.5	39.5	40.5	41.5	42.5
13	29.0	30.0	31.0	32.0	33.0	34.0	35.5	36.0	37.0
14	25.5	26.0	27.0	27.5	28.5	29.0	30.0	30.5	31.0

注：本工资标准的一、二级，仅适用于国家体委集训的优秀运动员，各省、市、自治区、直辖市不得占用。

关于运动员的工资调整，1963 年，国家体委做出了明确的规定："各省、自治区、直辖市体育运动委员会和我委集训的优秀运动员的工资标准，在 1961 年优秀运动员暂行工资标准基础上进行适当修订。修订后的全国体育事业优秀运动员工资标准，自 1963 年 8 月 1 日起执行。原来执行 1961 年暂行工资标准的优秀运动员，今年升级的，应该按照修订后的工资标准进行升级。原来没有执行 1961 年暂行工资

---

① 《国家体委关于全国体育事业人员工资调整问题的通知》附录 2，1963 年 8 月 17 日。山西省体育局档案室藏。

标准的优秀运动员,今年升级的应该按照修订后的工资标准进行升级,今年不升级的应该按照修订后的工资标准重新定级。在进行升级、重新定级的时候,应该根据本人的德、才条件,适当照顾其资历,参照本运动队同类运动员的一般工资等级水平,并适当照顾本人原工资水平,不能单纯按照本人原工资款数进行套级。升级、定级后,如果新工资标准低于原工资标准的,仍按照本人原工资标准执行,一律不予降低。运动员的升级、定级由主管的体育运动委员会批准。优秀运动员升级、提高过低工资标准、升级工资指标的计算和控制以及其他各项具体问题,均按照劳动部复文规定办理。"[1]由此可以看出国家对运动员工资调整规定的详细程度,这些规定的实施无疑是运动队伍管理的有效保证,同时也促进了运动员训练积极性和运动成绩的提高。

除去工资以外,国家对优秀运动员进行必要的补贴,并制定了相应的补贴标准(见表2),而且针对中国传统的体育项目进行了详细的规定:"武术、中国象棋等我国固有传统项目和我国没有参加的世界的、国际的比赛项目,一般可根据优秀运动员参加国内竞赛的名次评定为三级或四级,运动成绩特别优秀的,也可酌情评定为二级或一级。"[2]在评定优秀运动员过程中,除"运动成绩外,尚应结合以下条件:一、政治思想进步;二、体育道德作风良好;三、遵守纪律"[3]。从上述规定我们可以看出,当时对于运动员的补贴并不仅局限于运动成绩,对运动员的思想认识、纪律作风都有比较明确的要求。所以,"又红又专"对于运动员而言,不仅是管理上的基本要求,而且从工资和津贴的发放上也有具体的表现,从而凸现了运动员的时代要求。

---

[1] 《国家体委关于全国体育事业人员工资调整问题的通知》,1963 年 8 月 17 日。山西省体育局档案室藏。
[2] 《优秀运动员运动技术补贴试行办法》(国务院 1963 年 10 月 4 日国秘字 658 号文件批准,国家体委、劳动部、财政部 1963 年 11 月 8 日联合颁发)。山西省体育局档案室藏。
[3] 同上。

表 2　优秀运动员补贴等级、补贴条件和补贴标准规定①

补贴等级	补贴条件	每月补贴标准
一	世界纪录创造者 世界锦标赛前 3 名或相当于世界锦标赛前 3 名	25 元
二	世界锦标赛第 4—6 名或相当于世界锦标赛第 4—6 名，重大国际比赛前 3 名	15 元
三	全国纪录创造者 国家优秀成绩创造者 全国运动竞赛前六名（注一） 国家举办的若干单位比赛前 3 名 国际比赛中获得优秀成绩者	10 元
四	获得甲级队称号的运动队的优秀运动员 获得运动健将称号者 继续保持运动健将级运动成绩的运动健将 省、自治区、直辖市纪录创造者（注二） 省、自治区、直辖市冠军	5 元

注：（一）篮球、排球、足球三个项目仅限于甲级队联赛前 6 名。
　　（二）本项规定的省、自治区、直辖市纪录，仅限于达到或超过一级运动员运动成绩标准的纪录。

　　国家在制定优秀运动员补贴等级、补贴条件和补贴标准的同时，对运动员补贴的具体数额也进行了确定，在资金方面："国家队最多不超过优秀运动员全年标准工资总额的 13%，上海市和广东省一级队最多不超过优秀运动员全年标准工资总额的 8%，其他省一级队最多不超过优秀运动员全年标准工资总额的 7%。"②在人数方面："一个年度中领取补贴人数，国家队最多不超过优秀运动员总人数的二分之一，省一级队最多不超过优秀运动员总人数的三分之一。"③同时对运动员

---

① 《优秀运动员运动技术补贴试行办法》（国务院 1963 年 10 月 4 日国秘字 658 号文件批准，国家体委、劳动部、财政部 1963 年 11 月 8 日联合颁发）。山西省体育局档案室藏。
② 《劳动部、财政部、国家体委关于优秀运动员运动技术补贴控制指标的通知》，1963 年 12 月 2 日。山西省体育局档案室藏。
③ 同上。

技术补贴的列支项目进行了特别规定:"为了避免产生技术补贴总额指标的跨年度使用的情况,现规定,凡是结合年终总结工作评定运动技术补贴的,其所需的技术补贴总额应该在下一个年度的事业费中开支,列'补助工资'目。各单位在编制年度事业费预算时,对此应该作相应的安排。"①可见,有关运动员的工资与津贴发放就形成了严密完整的体系,体现了社会主义计划经济体制下运动员管理的特色。

  1978 年,国家体委、国家劳动总局、财政部"根据华主席关于'要把精神鼓励和物质鼓励结合起来,以精神鼓励为主,物质鼓励为辅'的指示和以往的时间施行《优秀运动员技术补贴试行办法》对调动运动员刻苦训练的积极性,努力攀登世界体育高峰,能够起较大的促进作用。为此,拟即恢复这个办法,继续试行"②。但由于《优秀运动员运动技术补贴试行办法》在 1963 年颁布,时间已过去 15 年,实际情况发生了很大变化。为了掌握评定,原国家体委对补贴条件进行了相关的补充说明:"(一)补贴等级第一等:'相当于世界锦标赛',系指有纪录的项目。(二)补贴等级第二等:补贴条件加:亚洲纪录创造者,洲级比赛冠军。重大国际比赛前 3 名系指在有 3 个以上相当世界前 6 名的队参加的国际比赛中获得第 3 名;在有 2 个以上相当世界前 6 名的队参加的国际比赛中获得第 2 名;在有 1 个以上相当世界前 6 名的队参加的国际比赛中获得冠军者。(三)补贴等级第三等:'国家举办的若干单位比赛前 3 名',系指在有 3 个相当全国前 6 名的队参加的比赛中获得前 3 名者。'国际比赛中获得优秀成绩者',系指洲级比赛第 2—3 名,世界青年纪录创造者,世界青年比赛冠军。(四)补贴等级第四等:补贴条件加:世界青年比赛第 2—3 名;全国青年比赛冠军,全国青年纪录创

---

① 《劳动部、财政部、国家体委关于优秀运动员运动技术补贴控制指标的通知》,1963 年 12 月 2 日。山西省体育局档案室藏。
② 《国家体委、国家劳动总局、财政部关于恢复优秀运动员运动技术补贴试行办法的请示》,1978 年 10 月 27 日。山西省体育局档案室藏。

造者。"① 运动员技术补贴的再次实施发放对运动队伍的管理和运动员技术水平的提高具有积极的促进作用,当然,这些恢复还只是对以往措施的纠正,更进一步的奖励措施随着改革开放的深入进行而逐步推行。

改革开放以后,随着国家经济的发展,优秀运动员参加重大比赛的奖金标准也逐步提高。由于武术为非奥运项目,运动员们的主要运动成绩依据为全运会、全国锦标赛等全国性的比赛。山西省在1996年出台了优秀运动员参加全国年度比赛奖金标准,规定:"一、全国比赛系指年度内全国性的、水平最高的一次比赛。各运动项目的具体比赛名称按国家体委体人字[1995]447号文件规定执行。二、奥运会比赛项目非主力队员按奖金标准下限发奖;全运会比赛项目比照奥运会比赛项目标准执行。三、将相当于年度实际支付运动员、教练员奖金总额的22%的经费,用于奖励为运动员取得优异成绩作出较大贡献的长期随队的领队、队医、科研等有功人员。"② 新的奖励标准的推行吸引了更多的人进入运动队伍,提高了运动员的训练积极性,促进了运动队伍的科学有效管理,推动了运动成绩的提高,对体育工作的全面发展有着积极的作用(见表3)。

表3 山西省优秀运动员参加全国年度比赛奖金标准表③

	第一名	第二名	第三名	第四名	第五名	第六名	第七名	第八名
全国比赛	2 000~4 000	1 000~2 000	600~1 200	400~1 000	360~900	300~800	280~700	240~600

---

① 《国家体委关于恢复优秀运动员运动技术补贴试行办法有关问题的补充通知》,1978年12月25日。山西省体育局档案室藏。
② 《优秀运动员参加全国年度比赛奖金标准的通知》,晋人工字[1996]99号,1996年8月2日。山西省体育局档案室藏。
③ 同上。

四、饮食

民以食为天。运动员们进入运动队伍,在训练过程中需要巨大的体力付出,这就对运动员的饮食提出了较高的要求。对于运动员们来说,20世纪50、60年代的饮食是相当好的。"吃饭是跟队的,比地方要好很多,记得我1958年刚到队里时,是每天1.3块钱的伙食,做一桌子,什么菜都有,好得很,海参,当时队员不认识,还以为是猪皮,就扔了。感觉那时的伙食比现在还好。……伙食到困难时期也很不错,到1960年时涨到1.5元。困难时期有45斤粮。老百姓当时才20多斤粮,已经算很好了,但就那样运动员也吃不饱。也会影响训练,当时也不强调达到多少运动量,等困难时期过去后才加了要求。1960年、1961年,运动员吃饭是定量的,多了不给,但之前是不管的。那时1斤粮顶6斤红薯,所以当时不够吃都吃红薯,就能都吃饱了。"①在那个吃不饱的时代,运动员还能有这样好的饮食标准,为运动员训练提供了有效保障,也使运动员成为经济困难年代享有特殊照顾的特殊群体,从而成为其他社会劳动者羡慕的对象。

随着社会的发展,国家对于运动员的伙食标准进行了更为细致的规定。1978年10月26日,国家体委、财政部、商业部颁发了《关于执行运动员、教练员伙食标准等暂行规定的通知》,随后又按通知规定的一、二、三类灶实物标准和当时的物价水平及食品供应情况,核定了各省、市、自治区的伙食金额标准。"但近年来,不少省、市、自治区反映,当地副食供应部门不能按文件规定的实物标准如数供应副食,或者对一些食品(如鸡、鸭、牛、羊肉、鱼类等)采取议价供应的办法,致使运动员、教练员的实际伙食水平下降,不能保证训练和比赛中的身体消耗需要,有的运动员出现了贫血等营养性疾病;有的在比赛中体力不支,

---

① 采访张希贵,采访者田文波,2015年3月12日,地点:张希贵寓所。

影响了运动技术水平的提高。目前,我国运动员每年要参加三百多起亚洲和世界等国际性比赛,明年将参加第九届亚洲运动会;1984年参加二十三届奥运会;1983年还将举办全国第五届运动会。为了在国内外运动比赛中创造优异成绩,'冲出亚洲,走向世界',为祖国争光,请各省、市、自治区商业部门指定副食品专门供应点,按规定的运动员、教练员伙食实物标准保证供应,以使运动员、教练员确能得到身体消耗的实际需要。"①上述文件的实行为各省、市、自治区运动员和教练员的伙食提供了可供参考的基本标准,使各地可以有据可依,从而为运动员饮食提供了保障。

为了补充运动员、专职教练员、运动班学生从事体育训练、比赛身体消耗的需要,1985年12月,国家体委、财政部、商业部联合发布《关于优秀运动员、专职教练员和其他人员伙食标准的规定》,因各地价格不同,以营养成份为依据,拟订出一、二、三、四类灶别的实物标准,各省、自治区、直辖市体委按此标准执行(见表4)。

表4 运动员各类灶实物标准②

序号	物品名称	计算单位	一类灶	二类灶	三类灶	四类灶
1	主食	两	10	12	14	14
2	奶类	两	10	5	5	
3	蛋类	两	2	2	1.5	1
4	畜肉类	两	4	3	2.5	2
5	禽肉类	两	2	1.5	1	
6	海鲜类	两	3	2	1.5	1
7	脏腑	两	1	1	1	

---

① 《国家体委、财政部、商业部关于保证优秀运动员、专职教练员伙食标准的通知》,(81)体计计字276号,1981年8月6日。山西省体育局档案室藏。
② 《关于优秀运动员、专职教练员和其他人员伙食标准的规定》,(85)体计计字464号,1985年12月9日国家体委、财政部、商业部发布。山西省体育局档案室藏。

续 表

序号	物品名称	计算单位	一类灶	二类灶	三类灶	四类灶
8	蔬菜类	两	12	12	12	12
9	豆制品	两	2	2	2	2
10	植物油	两	1	1	0.5	0.33
11	水果	两	6	4		
12	黄油	两	0.4	0.1		
13	食堂	两	1	1	0.5	0.33
14	营养饮料	两	10	5	5	5
15	调料、佐料、燃料、杂费各类灶均按1—9项金额合计的12%计算					

该文件对各类灶的营养分析给出了细致的结果,从而使运动员和教练员对摄取的营养成分能够认识清楚,有利于不同项目的运动员合理地安排伙食(见表5)。

表5 运动员各类灶别营养分析[①]

营养素名称	单位	各类灶别			
		一类灶	二类灶	三类灶	四类灶
蛋白质	克	201.2	168.35	155.67	115.03
脂肪	克	172.75	129.20	110.18	72.16
糖	克	705.72	690.83	599.86	576.88
热量	大卡	4 889.5	4 364.1	3 783.55	3 263.71
钙	毫克	1 580	1 122.58	939.88	587.78
磷	毫克	2 740.6	2 477.32	2 328.9	1 752.1
铁	毫克	53.03	51.1	48.94	33.71
维生素	国际单位	7 756.62	6 536.31	5 839.7	761.7

[①]《关于优秀运动员、专职教练员和其他人员伙食标准的规定》,(85)体计计字464号,1985年12月9日国家体委、财政部、商业部发布。山西省体育局档案室藏。

续　表

营养素名称	单位	各类灶别			
		一类灶	二类灶	三类灶	四类灶
硫氨酸	毫克	4.4	4.2	3.47	2.66
核黄素	毫克	4.3	4.01	3.18	1.43
尼克酸	毫克	27.25	25.81	24.72	17.73
VC	毫克	348.5	314.30	252.5	232

在该文件中，详细地给出了蔬菜的分类标准，以便于各地区合理掌握（见表6）。

表6　蔬菜分类标准①

类别	蔬菜名称
第一类	苜蓿、芥菜、太古菜、雪里红、油菜、荠菜、胡萝卜、红辣椒、菠菜、香菜、鲜黄花、甘兰菜、茴菜、苋菜、韭菜、莴笋
第二类	西红柿、根刀菜、香椿、青椒、小白菜、黄豆芽
第三类	黄韭、茄子、小白菜、洋白菜、茼蒿、南瓜、青萝卜、白萝卜、丝瓜、芹菜、菜花、冬瓜

按该规定，武术运动员享受一类灶的标准。在上述标准中还对享受范围进行了相应规定：享受各类灶别的人员，有固定工资收入的，每人每日自缴基本伙食费5角和调价补贴的全部金额。没有工资收入只领取零用金的优秀运动员免缴基本伙食费，只缴调价补贴的全部金额；体育运动学校运动班和重点业余体校学生，缴纳调价补贴的全部金额。运动员、教练员因公外出途中，除享受原伙食补助标准外，途中补助标准按财政部规定的标准执行。因公个别出差，凡能在所在地运动员食堂入伙并取得证明者，可凭据按原伙食标准报销，无法在运动

---

① 《关于优秀运动员、专职教练员和其他人员伙食标准的规定》，(85)体计计字464号，1985年12月9日国家体委、财政部、商业部发布。山西省体育局档案室藏。

员食堂入伙者,只按旅差费标准报销。并对女运动员进行了特别规定:女运动员、女教练员在规定产假期间,可享受伙食补助。而且,各类人员在规定的探亲假回家期间仍享受伙食补助,其他节假日或因私事请假回家,停止伙食补助。① 运动员们享受的伙食标准既有科学的营养搭配,也有合理的饮食安排,而且有着较高的标准。

山西省武术队作为山西省体工队的一支队伍,山西省体工队食堂是武术运动员们饮食的供给者。"山西省体工队运动员食堂、职工食堂是随着体工队诞生而诞生的。1956年建队开始至1961年,当时是由总务股长胡庆荣同志兼任食堂主任工作。1988年前运动灶就是一个食堂,从1988年开始,为了加强膳食管理工作,运动员食堂分为一灶、二灶、三灶(即三个食堂)。其中三灶是武术、体操、技巧、棋队一些年岁小,控制体重的项目。"② 山西省运动员集训食堂的炊管人员为了更好地服务运动员,学习云南运动员集训食堂的先进经验,努力改进伙食,采取了以下具体做法:"一、抓思想。过去,有的同志认为炊事工作是侍候人的,工作量大,杂务事多,满足于一日三餐吃饱饭就行了,学习兄弟单位的先进经验,使他们深受教育。大家从思想上找差距,谈认识,摆问题,深切地感到,过去我们真是对工作光荣的职责认识不足啊。青年炊事员齐艾同志说,运动员冬训任务重,运动量大,消耗热量也多。而我们的食堂工作,直接关系补充运动员的营养,增强运动员的体质,也同样是在为社会主义体育事业做贡献。他坚决表示,要为革命当一辈子炊事员,为运动员快出成绩做好饭。二、鼓干劲。最近食堂就餐人员达到了今年以来的最高峰,而炊事员却因伤、病、事假减少到最低数,每天只有十一人。在这种情况下,原先增加花样,提高质量的想法还能不能实现呢?他们去云南运动员集训食堂参观学习的同志临回来时,云南同志曾亲手做了一个大糕点送给他们。大家手

---

① 《关于优秀运动员、专职教练员和其他人员伙食标准的规定》,(85)体计计字464号,1985年12月9日国家体委、财政部、商业部发布。山西省体育局档案室藏。

② 张日申、王斌海:《山西体工队史》,山西省体工队,1993年,第35页。

捧这块大糕点,激动地说,云南同志送给我们的不只是一块大糕点,而是精神,我们一定要努力办好食堂。人手少,一个人顶几个人干;时间紧,就早来迟走;经验不足,就互帮互学,共同研究。由于充分发挥每个人的革命积极性和技术长处,现在,他们每顿饭的主食已由原来的一种增加到两三种,副食也增加到四、五样。大家深有体会地说,有了全心全意为人民服务的精神,就能想办法,出干劲,发挥技术。运动员也称赞说,人还是原来的人,材料还是原来的材料,所不同的是饭菜味道鲜了,花色品种多了,做的细巧了。三、定措施。食堂有了新的起色,下段怎么办?通过学习和讨论,他们决心进一步加强政治思想教育,继续搞好组织整顿,合理使用人力;进一步改进、改装餐厅保温台、烤炉等设备;恢复和健全伙管制度,做好后勤保障工作。"①

山西省武术运动员们在上述的饮食标准和饮食环境下得到所需的营养补充,完成了大运动量的训练任务,从而创造出优异的运动成绩。

五、运动服装

运动员的训练需要特定的运动服装。关于运动员的服装供给,国家也制定了相应的发放标准。1979 年,《国家体委、财政部关于优秀运动员、教练员的运动服装(专用服装)发放标准及其管理办法的暂行规定》指出:"一、运动服装(专用服装)系国家免布票供给运动员、教练员从事体育专业训练和竞赛用的,不属于个人生活福利待遇,要认真爱护,节约使用,在非训练、竞赛和操作时间不得穿用。不能挪作他用,更不能用作以物易物。二、运动服装(专用服装)达到规定使用年限时,绒衣裤和棉毛衣裤交旧领新或价拨给个人。三、统一使用'运动服装(专用服装)领用证'(如附件五)。凡本暂行规定适用范围内的人

---

① 景永魁:《山西运动员集训食堂努力改进伙食》,《体育报》1977 年 11 月 28 日。

员,凭'领用证'按规定的发放标准领用服装。调动工作单位时,如仍从事体育专业训练、竞赛工作,其'领用证'随本人供给证明一并转新单位继续使用。四、凡本暂行规定适用范围内的人员(包括待分配的),调做其他工作,从宣布之日起即停止发放服装。原已发放的服装除背心、短袖衫、短裤、一般球鞋、线袜和已到规定使用年限的通用运动服装可留给个人外,其他服装一律上交。五、运动员、教练员、体育专业学生、术科教师,因伤病经医院证明不能继续从事体育专业训练、竞赛工作,自正式通知之日起,六个月后即停止发放运动服装(专用服装)。期满后,视其继续工作性质如何,再定发放与否。六、凡丢失运动服装(专用服装)者,应由本人用书面写出丢失原因,情况属实,经体工队领导批准,酌价赔偿后,再行补发。七、在国际比赛中,不应私自与对方交换运动服装。如对方主动交换,事后应将交换的物品上缴,或经领导批准酌情处理给本人。否则,不予补发运动服装。八、凡遵守运动服装(专用服装)管理规定,在保证完成训练、比赛任务的同时,爱护和节约运动服装者,应给予表扬,并列为评奖条件之一。"[①]

在此基础上,《商业部、全国供销合作总社、纺织工业部、轻工业部、化学工业部、国家体委关于调整体育专业运动服装和胶鞋供应标准的通知》,对运动员们的服装供应标准进行了详细的规定,并制定了一般体育项目优秀运动员(包括教练员)每人每年的供应标准(见表7和表8)。

表7 运动员通用服装

品名	绒衣裤套	棉毛衣裤套	背心或短袖衫套	布短裤条	棉毛三角内裤条	线袜双	胶鞋双
数量	1	2	2	2	2	3	4

[①]《国家体委、财政部关于优秀运动员、教练员的运动服装(专用服装)发放标准及其管理办法的暂行规定》,(79)体计器字06号,(79)体财事字30号,1979年2月21日。山西省体育局档案室藏。

表 8 运动员专用服装

品名	武术服套	击剑服套	摔跤服套	柔道服套	水上项目		
					游泳衣裤	大毛巾	毛巾衣
					件	条	件
数量	1	1	1	1	2	2/3	1/4

服装的完全供给使运动员们的基本装备得到保证,使运动员们可以在相对稳定且非常有保障的环境中进行技术和体能训练,完成各种比赛,这成为运动员们完成训练和比赛的有效后盾。

六、医疗

在训练和比赛的过程中,运动员们难免会产生运动损伤,运动员们的医疗条件也十分重要。为了及时治疗运动员们的运动损伤,山西省"体工队医务所是在 1956 年 9 月建立起来的,当时条件非常简陋,只有一个药箱一个人,没有固定的办公室,只能在运动员宿舍作些简单的诊断和治疗。随着事业的发展,医务所也在不断地壮大,由原来的一个人发展到最多时达 20 余人,这期间先后调入医务所共有 46 人之多。从人员来源看,医务工作者出身、运动员转业者 16 人,学校分配来者 7 人,复员转业军人 7 人。到 1990 年,本着边学边干,学以致用,突出运动损伤、运动性疾病这一特点,先后培养出工农兵大学生 5 名,组织参加各级专业性培训班、学习班、北体函授班等,取得专业证书者共 13 人。经过 1979 年及 1987 年两次职称评定,现有人员中取得副高职称者 5 人,取得中级职称者 6 人,取得医师、护师及技师职称者 10 人。"①山西省体工队医务所成为山西省运动员伤病治疗和科学训练的有效保障。

---

① 张日申、王斌海:《山西体工队史》,山西省体工队,1993 年,第 23 页。

有些优秀运动员、教练员因公伤致残,国家对此也进行了相关的保障规定:"一、运动员、教练员和其他事业人员因公负伤,必须给予积极治疗。负伤致残者,在医疗基本终结后,凭指定医院检查证明,按照原内务部《革命残废军人优待抚恤暂行条例》之规定评定残废等级,并按照现行残废军人抚恤标准发给因公致残抚恤费。二、因公评残办法,一律参照民政部门关于革命残废军人评残的现行规定和办法执行。因公评残范围,除按照原内务部 1951 年 4 月 29 日内优字第 69 号文件有关规定执行外,凡符合下列情形之一,均可按因公评定残废等级:(一)在国际、国内体育比赛中受伤致残者;(二)在体育训练中受伤致残者;(三)在体育表演、辅导和科研、教学中受伤致残者。三、因公评残的批准手续,由所在单位填报《体育事业人员因公评残审批报告表》,按隶属关系,报省、市、自治区体委、国家体委所属训练局、军体局批准。根据国家体委统一印发的证件样式,由批准机关发给《体育事业人员残废抚恤证》,同时按指定单位(部门)定期发放残废抚恤费。四、因公致残抚恤之经费,均由体育事业费开支,由各级体委列入体育事业经费预算。伤残人员工作调动、转业后,凭本人残废抚恤证和原体委证明,到所在地区体委领取残废抚恤费。"[①]对于训练和比赛经常超越人体极限的运动员而言,伤残的认定与相关费用的落实解决了运动员的后顾之忧,有效地提高了运动员训练比赛的积极性。

医疗条件的提高使运动员的训练得到有效保障,使运动员训练比赛中的伤病得到快速有效的治疗,避免了运动损伤的扩大,成为运动员训练比赛的重要保障。

在国家的全面保障下,运动员们形成了固化的生活秩序,运动员对自己的生活有着较高的满意度。张希贵回忆道:20 世纪 70 年代,"当时队里的队员被招入队时就是领工资的,都是正式编制,虽然不多

---

① 《国家体委关于体育事业单位优秀运动员、教练员和其他人员因公伤致残、评定残废等级的通知》,(78)体政字 691 号,1978 年 12 月 18 日。山西省体育局档案室藏。

但每人每月差不多二三十块,队员还是很满足的"①。吴增仁也对20世纪70年代的伙食有深刻记忆:"当时的伙食标准是一块五毛钱,以当时的消费水平也还可以,一天一块五。"②李莉对自己当运动员时的工资收入回忆说:"1979年招了工就有工资了,大约20多块吧。因为长训一直没间断过,所以从长训时候就给我们算工龄了,也就是1974年开始算工龄。"③自行车运动员张小波对自己的运动员生活还比较满意,他回忆道:"我们当运动员时,从收入来说比社会上其他职业有一些优越感,因为有一些营养补助,还有一些奖金。"④一直到20世纪90年代,袁新东还记得:"当时饭菜的质量还不错。"⑤从武术运动员与其他项目运动员的口述材料可以看出,包括武术运动员在内的运动员群体整体上对准军事化的生活秩序是满意的,这为运动员训练比赛的开展提供了有效保障。

由上我们可以看出,在国家对运动员个体生活的细致规定下,运动员们形成了管理十分严格、后勤保障十分细致的职业生活秩序:在时间上,运动员有十分严格的作息管理和训练管理的时间设置;在生活的核心内容上,训练比赛成为生活秩序的核心,不再是业余运动员时期的学习为主、训练为辅、参赛自愿的生活模式;生活保障方面,国家给运动员提供了衣、食、住、医疗等全方位的保障,不仅如此,运动员还有工资和津贴的保障,不再像业余运动员时期一切需要家庭提供;在思想教育方面,运动队有专人负责,为国争光成为运动员思想政治教育的核心;运动员生活中实现人生价值的主要目标就是取得优异成绩,为国争光。固化的生活秩序使运动员能够在一个相对稳定的生活状态下训练,为取得优异成绩提供了坚实的保障。

---

① 采访张希贵,采访者田文波,2015年3月12日,地点:张希贵寓所。
② 采访吴增仁,采访者田文波,2016年5月19日,地点:山西省体育竞赛管理中心。
③ 采访李莉,采访者田文波,2015年3月8日,地点:山西省武术运动管理中心。
④ 采访张小波,采访者田文波,2016年5月21日,地点:山西省自行车击剑运动管理中心。
⑤ 采访袁新东,采访者田文波,2015年3月11日,地点:山西省武术运动管理中心。

第三节 职业化：运动员的训练生活秩序

运动员生活秩序的固化还体现在训练生活的固定化方面。20 世纪 60 年代，国家对于运动队的训练工作已经做出了严格规定。

1961 年，全国体育工作会议纪要指出："在当前的形势下，体育工作的重点，应当放在运动训练工作上。运动队必须贯彻以政治为统帅，以训练为中心，思想教育和技术训练、战术训练、身体训练相结合的全面训练方针。思想政治工作应该渗透到训练中去，保证训练任务的完成。训练必须有计划、有节奏地进行，坚持训练与比赛相结合、运动量大中小结合、循序渐进、分别对待等原则，有重点、按比例地安排训练内容。在学习各国先进经验和技术的同时，要认真总结我们自己的经验，贯彻百花齐放、百家争鸣的方针，发展各种流派、风格，提倡不同技术观点的自由辩论。运动员和教练员的主要精力，应放在训练上。同时，应围绕训练工作，统一安排文化教育、劳动和其他各项工作。这样，才能使运动员全面地、健康地成长，迅速提高运动成绩。"[1] 在此基础上，国家对运动队伍的训练逐步形成一套完整的体系，为我国运动训练体系的逐步完善奠定了基础。

在举国体制下，国家对运动队和运动员的训练管理是相当严格的。1962 年，国家对运动队伍的具体训练工作作出了相关要求，并提出休整是 1962 年的主要任务："1962 年内，运动队伍应积极进行休整。这是既有需要，又有可能的。从运动队伍中伤病问题严重的情况看，需要进行一定时间的休整。而目前国际国内重大竞赛活动较少，又为积极休整提供了可能的条件。从工作发展看，有一个间隙进行整顿，健全各项工作，也是必要的。运动队在休整中，必须抓紧防治伤病，科

---

[1]《一九六一年全国体育工作会议纪要》。

学安排训练,认真总结经验。伤病较重的,必须全休治疗;较轻的以治疗为主,适当进行少量训练;身体健康的进行正常训练。训练中应着重抓身体训练和基本技术训练,加强医务监督,使运动员能够显著地增强身体素质和提高基本技术。要求在一年内伤病情况基本好转,新的伤病率要减到最低限度。政治、文化学习也要妥善安排。"①将休整作为运动队伍整年的主要工作无疑是举国体制下才有可能实现的行动,否则,我们很难想象运动队伍不以训练和成绩作为具体要求,而是以休整、恢复作为工作思路。

运动队伍的管理需要教练与领队相互配合,需要运动员对管理的全面配合。所以,国家对运动队的管理以及领队、教练员和运动员的责任进行了规定:"班主任(或领队)全面领导班(队)的工作,教练员在班主任领导下,主要任务是负责运动员的训练工作和比赛的指挥工作。班主任要很好地团结和使用教练员,培养他们的威信和独立工作能力,帮助他们提高政治觉悟,鼓励他们钻研业务,要求他们成为精通本行业务的专家。在技术训练方面,过去党的领导是薄弱的,近几年来大大加强了,今后还须继续加强。班主任应当努力钻研技术,变外行为内行,但不要包办代替教练员的技术指导作用。要把发挥教练员在训练中的主导作用与调动运动员的自觉性和创造性结合起来。既要教育运动员尊重教练员,服从教练员的指导;又要教育教练员发扬技术民主,互教互学,做到教学相长,共同提高。要把教练员在比赛中的统一指挥,与培养运动员独立思考的能力、允许运动员在必要情况下机断行事结合起来。"②将教练员、领队与运动员在运动队伍管理中进行具体的分工,使运动队伍成为有机的整体,有利于取得优异的运动成绩。

在具体的生活和训练作风上,要求"班主任(领队)应与运动员同

---

① 《一九六一年全国体育工作会议纪要》。
② 同上。

生活、同商量、看训练、看比赛,及时发现问题,解决问题。对运动员的管理教育,既要严,又要活。要关心他们的政治进步,帮助他们巩固事业心,鼓励他们勤学苦练,为国争光。要充分发扬民主,切实保障运动员有对领导或越级向领导提出批评和意见的权利。建立一套严格的训练管理制度,养成优良作风,使运动队成为具有高度组织性、纪律性,思想活跃,充满朝气的战斗队伍。要教育运动员正确处理个人与集体的关系,既要以国家、集体为重,互相帮助,虚心学习;又要提倡个人钻研、充分发挥个人作用,人人力争上游,加强整体的战斗力。不要把个人钻研、承认个人作用与个人主义混为一谈"①,从而使运动队伍形成良好的作风,为训练计划的实施提供了有力的支持。

在这一系列的严格规定下,运动员们对当时的训练生活有着深刻的印象,也为当时严格的运动队伍管理提供了具体的例证。张军平回忆说:"武术队那时候管得比较严,体工队都在一个大院,教练是最主要的负责人,教练管得严,各方面就好一些。武术队当时管理很严格,所以成绩也很好,当时队员年纪都比较小,半天训练半天上课,转正以后就早午晚都要训练,一天三练,周日一般就是上午九点、下午四点两顿饭,早上出早操到九点然后吃饭,下午休息。"②

在田晓慧的记忆中,"(我)1984年到体工队,集训了一年,1985年成为正式运动员,那时候都是以招工形式进来的,那阵儿还是老体工队,相对来说,武术队是管理最严格,也是最好的,有点像军事化管理,吃饭时间、训练时间、自习时间、洗澡时间、休息时间都是有规定的,而且都是集体行动,6点出早操,7点结束,7点半吃早饭,8点半准时开始热身,9点钟开始正式训练,11点半将近12点吃午饭,1点休息睡午觉,3点到训练房开始下午的训练,一直练到6点下训练课,然后去吃饭,吃完饭洗澡,7点半又要上课,不上课的就自己洗洗衣服什么的,每

---

① 《一九六一年全国体育工作会议纪要》。
② 采访张军平,采访者田文波,2015年3月9日,地点:山西省武术运动管理中心。

天都是这样,周日的时候一天是两顿饭,所以一般是上一个大早操,休息后大家就是整理内务之类的事情,出去买些日用品什么的"①。从张军平和田晓慧的回忆中,我们可以看到运动队伍管理的严格程度。在国家的明确规定下,在运动队伍的严格执行下,运动员们的训练生活形成了严格的生活秩序。

运动训练对于运动员而言充满了艰辛,"王冬莲刚满十岁,当时还是太原市南海街小学二年级学生。她体形好,一双大眼睛忽闪忽闪的很机灵。……基本功训练开始了。腰功、腿功、肩功是基本功的核心。'腰功'要达到前弯九十度,侧弯九十度,下腰手脚距离三十厘米。'腿功'要达到前踢触额,侧摆与头平,后摆触头。'肩功'要达到压反与地面成六十度,过肩二十厘米。这么深的功夫,对每个孩子都是意志的考验。'压腿'训练,队员躺在垫子上,一人压着一条腿,一人压另一条腿。有的孩子忍不住疼痛就转移身体位置,甚至有哭鼻子的。小王却咬住牙,一动不动,让小伙伴给压。同伴们深受感动,提出向王冬莲学习,不怕苦、累、难。"②一个十岁的少年接受如此严格的训练是普通人所难以想象的,而严格训练正是运动员们取得优异成绩的不二选择。

训练比赛过程中,不仅需要严格的管理,还需要科学的训练方法。在山西省武术队长期的发展过程中,教练们积累了丰富的训练经验。庞林太曾经以原文庆作为研究对象进行剖析,对培养高层次运动员的方法作了如下阐释:"培养高层次的优秀武术运动员,必须经历'四个阶段'。一是选材要严——成功的必备条件;二是基础训练要狠——成功的基础;三是中级训练要顺——成功的途径;四是高级训练要精——向成功目标冲刺。"基础训练要狠,是成功的基础,庞林太认为:"天赋条件好或较好,只是具备了成为高水平运动员的可塑性,训练严格得法,才能真正走上成功之路。"而中级训练要顺,则是庞林太总结

---

① 采访田晓慧,采访者田文波,2015 年 3 月 6 日,地点:山西省武术运动管理中心。
② 关彬:《获金牌最多的小将——记山西武术新手王冬莲》,《体育报》1979 年 12 月 3 日,第 3 版。

出的第三阶段,这一阶段他总结出:重点应放在提高套路水平上,即要巩固和发展基础训练成果,掌握和提高套路技术水平。这阶段除了继续安排定量的身体素质和基本功、基本动作训练外,重点是根据个人特点,选定项目和编排套路,提高技术水平。而进入高级训练时的一个"精"字,则将成功目标冲刺的训练要旨提取出来。

在长期的训练实践过程中,庞林太总结了他的训练秘诀:"严、高、大、难、新、稳。"他具体解释了这个六字诀:"严"就是严格训练,既体现在训练上,也体现在平时的管理上,还表现在对关键技术和基本技术的要求上;"高"是质量要高,训练中要高质量,要按照比赛的要求来训练,比赛时要按照训练来比赛,不管是专项训练还是整体训练,都要求高质量完成;"大"是训练的强度要大,要和比赛的强度一样大,平时比训练,赛时比发挥;"难"就是从难训练,比赛时练一套,平时训练要加倍训练,甚至加两倍训练,还要采取整套间隙训练方法,以提高运动员的体能,这样在比赛中,运动员从开始到结束能一气贯通,没有前紧后松、虎头蛇尾的现象;"新"就是要创新,要不断有新的内容、新的难度、新的演练技巧、新的技法出现;"稳"就是平时训练就要强调稳定性,不能养成随随便便的毛病,不能经常出现失误,这样在比赛中才能保持稳定性。在这样严格的训练之下,山西队的运动员形成了自己的风格特点,那就是招圆式正,舒展力整,跳跃高飘,难度稳整,方法清晰,发力爆脆,动静鲜明,火爆激烈。

基于这样的认识基础,庞林太教练根据不同运动员的特点,采取了不同的训练方法和训练手段。"王冬莲十三岁那年,庞教练想到,'旋子转体360度接劈叉'是当今女子武术的高难动作。相信小王一定能够攻坚,就教她练。动作难度大,她落地不稳,经常挨摔。有一次,她用劲过猛,碰破了膝盖,摔伤了踝子骨。小王不叫苦,不喊疼,戴上护膝,裹上绷带继续练。教练问她失败的原因在哪里,小王说:'手没抱身就转体,动作没做出来。'教练高兴地说:'你能明白自己的毛病出在哪儿,很好。'王冬莲动脑筋琢磨,掌握动作要领,刻苦训练,无论是在地毯上、在土地上还是在水泥地上,她都能精彩地做出'旋子转体360度接劈叉'动作,终于在全运会上取得了优异成绩。"① 王冬莲能够在第四届全运会上一次夺得5枚金牌是刻苦训练的结果。

在一个优秀运动员的成长过程中,需要长时期的技术磨炼。栗小平就经历了这样一个过程。庞林太教练在栗小平的训练安排中,为栗小平制订了一个三阶段的训练计划:"第一个阶段是一九七三年至一九七五年的基础训练,主要是打基础、练基本功和基本技术。第二个阶段是一九七六年至一九七八年的中级训练,是以套路技术为主的训练阶段。这个阶段主要是提高套路水平和演练技巧的能力,同时奠定、巩固、发展武术风格特长,提高动作质量,掌握演练技巧。经过这个阶段的训练。栗小平初露锋芒,一九七八年获得枪、剑两项亚军。第三个阶段是一九七九年至现在(一九八四年)的高级训练,也是夺冠训练阶段。这不仅要求苦练,更重要的是要精练。要高难度、高质量,要体现境界。在高难度的基础上体现出节奏和高潮。在节奏上力求掌握快慢、动静、停顿的合理配合;要做到慢则有势,快则变速突出,能够显示出怒涛滚滚之势。"② 科学训练过程中不但注重技术训练,还十分注重心理训练。栗小平在十年武术生涯中总结出了这样一条经验:"加强心理训练和心理调节,将会有益于技术水平的更好发挥,尤其是像武术这样一个富有表演性特点的竞技项目。"③

有的运动员因为比赛需要而更换运动项目,但效果并不一定好。康任侠就回忆说:"我是在1991年从长拳改为太极拳的,1992年8月,参加了第一次全国性的比赛(全国青少年武术套路比赛),取得了太极拳第五名。我在二线训练一直持续到1993年的第七届全国运动会,那时候的武术套路规则要求长拳、南拳、太极拳三个项目,每个运动队报名时每一个拳种必须报两名运动员。但是因为当时参加太极拳项

---

① 关彬:《获金牌最多的小将——记山西武术新手王冬莲》,《体育报》1979年12月3日。
② 马超英:《武术奇葩栗小平》,《山西体育文史》1985年总第4辑。
③ 同上。

目的队员中有一名不能参赛,所以教练员们经过反复地商量和考虑,最后确定让我参加了全运会的预赛,在和大队员一起进行赛前训练的一段时间里,我很不自信,因为我当时的技术水平还不能完全达到参加全运会这种大赛的资格。"①训练的不自信对运动员成绩的影响是相当深远的,康任侠在整个运动生涯中都未能摆脱其影响。

  训练比赛中,运动员要付出常人难以想象的痛苦。1994年,国家体委新组建国家武术代表队,备战即将在日本广岛举行的第十二届亚运会武术比赛。刚刚退役不久的原文庆再次成为国家武术代表队的重点考虑人选。最后,国家体委决定召唤已经行走在影视之路上的原文庆归队集训,希望他能为了国家荣誉而再披战袍。此时的原文庆已经有近一年时间没有参加正规的竞技武术训练了,身体也开始发福了,体重增加了10公斤;其在武打影视演员的发展之路上也刚刚步入正轨,渐入佳境。但是,为了祖国的荣誉,为了自己难以割舍的武术竞技,他放弃了成为影视明星、拥有高收入的新生活的发展机会,毅然决然地应召入队,为了国家荣誉而复出。"因为这一年他根本没有参加比赛。训练是艰苦的,因在日本比赛不让他们用使惯了的钢刀,只好拿着发飘的铝刀进行适应性训练。一次,原文庆按照教练的布置大运动量训练时,飞动挥击的刀片一下子走偏砍在了自己的胳膊上,顿时一块肉皮翻起,血流如注,疼痛难忍。但此时,他连眼睛都没眨一下,拿起纱布一裹,接着又把刀舞得密不透风。就这样,他艰辛训练了两个月,原先发胖的身体硬是用汗水减下去10公斤重量。"②通过艰辛的付出和艰苦的训练,原文庆不仅体重达标了,身体素质恢复了,而且在国内选拔赛中战胜了当年的全国冠亚军,获得了亚运会的参赛资格,并且在亚运会的赛场上为中国夺回了武术比赛的金牌。1996年7月,30岁的原文庆再次复出,身材已经有些发胖的原文庆为了尽快达到较

---

① 据康任侠为本研究提供,《康任侠自述》,2014年9月21日。
② 李春耕:《三晋好儿郎　武坛长青树:武术王子原文庆出山记》,《今日山西》1997年第6期。

高的竞技水平,"练得比谁都苦,脸颊凸显,体重下降了 10 多公斤"①。刻苦的训练换来了优异的成绩,1997 年 10 月,在上海举行的第八届全运会武术决赛中,原文庆发挥其快速、潇洒、飘逸、刚劲、准确的风格,以炉火纯青的技艺压倒群雄,以刀、棍全能 18.12 分位居第一,实现了他在全运会上的三连冠。同年 11 月,在意大利举行的世界武术锦标赛上,原文庆获男子长拳冠军,再次如愿以偿地登上了世界武术的王座,摘取了武术桂冠上的明珠。

袁晓超在 2006 年参加多哈亚运会比赛时,"由于连续的大运动量争夺,晓超在上海转往北京的训练中腰部受伤,一时把教练和他惊出一身冷汗。好在晓超根据身体情况立即进行了治疗和恢复性训练,使他的发挥没有受到影响,最终顺利到达多哈。多哈的比赛要连续进行 4 天,这对带伤上场的袁晓超是个新的考验,长拳全能分为长拳、刀术和棍术三个项目,在所有中国武术队员中,袁晓超是第一个出场,最后一个收局。有无好的开头,能否漂亮的结尾,他的发挥至关重要。首场长拳赛前,袁晓超感觉到腰疼加剧,经过队医的简单治疗后,袁晓超强忍伤痛拿下全场最高的 9.8 分。之后几天他又在刀术和棍术上获得了全场最高分,以总分 28.5 分为中国代表团夺得第 151 枚金牌。"②袁晓超作为一个年轻的天才运动员,通过其职业的训练和比赛取得了优异成绩,为刻苦训练做出了最好的注脚。

就训练比赛的运动量和付出而言,与武术运动相比,自行车运动作为功能性运动项目,其运动量则远远超过武术运动,运动员在运动训练中的付出也就更多。吴增仁对自己的运动训练生涯回忆道:"当时的训练确实辛苦。我讲的辛苦在哪呢,第一个,咱们国家的整体水平低,经济实力不强。当时的伙食标准是一块五毛钱,……但是一块五你吃什么? 无非就是猪肉、鸡蛋、牛肉、牛奶、鸡肉,鱼那时候也不太

---

① 李俊温:《武术王子原文庆》,《沧桑》1999 年第 3 期。
② 李春耕、王玉宾:《袁晓超归来吐真情——多哈亚运夺冠实不易》,《山西日报》2006 年 12 月 26 日。

吃，带鱼还觉得好点。就是这样的消费水平。而且其他条件就更谈不上了。最基本的运动器材质量都不行。咱们参加亚运会也是运动器材就决定你肯定赢不了。咱们是民用自行车就按照运动形状给做出来的，什么东西都不到位。"在这样的条件下，"20 世纪 70 年代我们一个星期训练最少大几百公里。一年下来得有几万公里，绕地球好几圈没有问题。记得当时我们训练从太原到北京，那会没有高速，三天就到了，三天六百多公里，平均每天 200 多公里。天气正常的话，（从太原）去繁峙，早上吃完饭到中午一点就到了。那可不是旅游什么的，那是正经的训练了。而且当时道路很窄，坡多，坑也多，我们的车胎细，车胎对路就特别敏感，就是现在的路看着很平，其实震动感也挺强。但是对当时山西的运动员来说，训练有自己独特的东西。第一个量大，第二个付出。这就是山西的特点。为什么山西能保持呢？有特点才能保持啊。当时累到什么程度你们很难想象，我曾经在训练完以后连一口痰都吐不出来，训练完了连自行车的车闸都捏不住。"[1]郝全成对自己的自行车运动员生涯回忆到："训练完就是休息再准备训练，运动员们没有任何思想杂念。上午跑了 160 公里或 180 公里的大运动量，下午可能就没有（训练）安排。运动员也很自觉，三四点钟睡醒，骑车在赛车场自觉去放松，教练员并没有要求这些。"[2]

摔跤运动属于重竞技项目，其训练的付出也十分巨大。丁永康对自己的运动生涯至今仍历历在目："参加训练要过的第一关是体能，刚入队的时候我是队里最小的，大队员们对我很好，在环城跑时自己跟不上队伍，在不熟悉的城市里怕跑丢，大队员轮流有一个跟着鼓励我，告诉我跑步时就一定要跑，哪怕跑的慢也绝不走，只要走一步说明你的意志就垮了。每次跑我都是不停擦着被汗水模糊的双眼，咬着牙坚持，以至于训练了 3 个月我都不认识跑的路。第二关是柔韧，拉韧带

---

[1] 采访吴增仁，采访者田文波，2016 年 5 月 19 日，地点：山西省体育竞赛管理中心。
[2] 采访郝全成，采访者田文波，2016 年 5 月 17 日，地点：山西省自行车击剑运动管理中心。

是基本功之一,也是最痛苦的过程。对于我们这些腿粗骨头硬的男生就仿佛"鬼门关"一样。刚训练的时候,看到那些下叉横平竖直的大队员们心里羡慕的不得了,以前的老队员还经常在我们面前秀他的韧带,比如在墙上下叉,跳起转体540度然后下叉,每次我们都是"哇塞"声一片。有人问过他诀窍,他坏坏地一笑,接着告诉我们有个捷径,就是先把韧带拉伤,等恢复好了就容易拉了。一般来说,拉的时候确实很痛苦,特别是在有人压迫的情况下,怎么形容呢就是生不如死那种。但是,一旦你放松开,那种感觉就很舒服了。所以我们这里有人为了追求这一刻的快感,每次把自己拉得狠狠的,然后放松开,舒服地躺在地上哼哼。第三关技术训练,从入队开始每天做基础动作的练习,每个动作重复几百次,教练来看练习效果,每次都是一堆问题,头三个月动作从来没有让教练肯定过。然后是实战训练,队里经常有外省市的训练队来交流,就在训练场进行教学比赛,由于大级别的人少,我也被叫去参加,抽签对上外省来的同级别队员,没有摔跤经验的我,短时间里还找不到门路,连防守都做不到,在跪撑中手指在垫子上别断了。之后在医务所做了一个简单的处理,把断的手指和好的手指绑在一块儿继续训练。"[1]

在专业运动员之外,为了持续取得好的运动成绩,使各项运动能够更广泛的开展,国家在重视运动训练的同时,也十分重视运动后备力量的培养,指出要"大量训练青、少年运动员。从各方面不断发现和挑选有培养前途的青、少年运动员,进行有计划的训练和培养,不断充实运动员后备力量,是迅速提高运动水平和创造新纪录的重要保证,同时也是普及体育运动的重要因素。开办青、少年业余体育学校是发现和培养运动员后备力量的有效方法之一,也是学生校外教育的一种重要措施,凡是有条件的地方,都应广泛开办。所有的公共体育场馆、体育学院、体育学校,都应当负责办一所或几所以中学生为主要对象

---

[1] 据丁永康为本研究提供:《丁永康自述》,2016年4月19日。

的青年的或少年的业余体育学校;建议教育部门要求所属师范学院体育系科、条件较好的中学和师范院校,单独举办或几个学校联合举办青、少年的业余体育学校;建议各产业系统条件较好的厂矿也可以举办一项或多项的职工青、少年业余体育学校;建议各地共青团组织负责加强青、少年业余体育学校的思想、政治工作。要求各省市、各系统的优秀运动队负责带一个较优秀的青年运动队和一个少年运动队,优秀运动员应当成为业余辅导员。多办青、少年运动会。对青、少年运动员的训练,要充分注意他们的生理、心理特点和身体的全面发展,提高训练质量。建议教育部加强对中小学体育工作的领导。"[1]国家对于运动员后备人才培养的重视和多措并举的政策措施,为各项运动队的发展提供了人才支持,这些后备运动员作为运动体系的基座,成为运动队伍发展的重要基石。

为了发展体育运动,我国建立起了十分完善的业余训练体系,在县一级也建立了许多业余体育运动学校,以发现从事体育运动的苗子,提高竞技水平。与体制内的运动员相比,这些业余的运动员是作为中国体育金字塔的基座存在的,他们从很小的时候开始参加训练,启蒙教练们通过自己的努力将一批批具有运动天赋的青少年发掘出来,然后送给上一级的运动队伍,然后再经过层层选拔,使这些青少年逐步提高运动成绩,成为中国体育运动的主力军。在成为专业运动员之前的业余运动生活却充满了艰辛和压力。

山西省武术运动也遵循了这样的一个基本原则,许多运动员在进入专业队伍之前,已经经历了长时期的业余训练,并具有了相当高的运动技能,他们不再是运动技能的一张白纸,而更是一块璞玉,让更高水平的教练对其进行雕琢。原文庆、袁新东作为山西武术运动史上具有里程碑意义的运动员,两个人在1986年到2005年的近二十年间,

---

[1]《国家体委关于一九五八年体育工作的通知》,(58)体办字第4号,1958年1月20日。山西省体育局档案室藏。

形成了对长拳这个具有代表性的武术项目的国内垄断。众所周知,由于武术项目的特定性,二人也代表了当时世界范围内的最高运动水平。这两个优秀的运动员不仅共同创造了运动史上奇迹,而且还有一个共同点,他们都来自于同一座城市,来自于同一个体育运动学校,并出于同一个启蒙教练的门下。多年以后,原文庆还能回忆起当时教练对他的严格要求和精心指导。所以,各级业余体育运动学校在相当长的一段时间内成为优秀运动员的摇篮,也成为共和国体育的基石。

运动员们通过自己在训练中的超负荷训练和超人的付出,提高了自己的技术水平,逐步成长为优秀的运动人才。从新中国成立以来的运动人才选拔培养体系和管理体系中,我们可以清晰地看到专业运动员的选拔、培养和成长的历程,可以清楚地知道从业余到专业从事体育运动给他们个体生活带来的巨大转变。运动员的训练和生活也同样经历了这样的巨变:从普通的中小学生经历业余训练、运动员选拔、专业队训练而成长为各个运动项目专业运动队的运动员;身份由普通的在校中小学生转变为国家管理、国家使用、国家保障的国家"人"。从成为正式运动员的那一天起,运动员们的技术训练就有了专业高水平教练的精细指导,其文化教育、思想政治教育、伤病医疗、生活饮食、服装供给、工资奖金、生活津补贴都由国家有关部门来专门保障。运动员们从此过着不是军人而又类似军人的准军事化生活,他们人生相当长的一段时期都享有着国家的管理和国家的保障;运动员们在这段相对固化的准军事化生活中全部的、也是唯一重要的目标就是为国争光。正因为有了他们,我们国家的体育运动才有了持续的繁荣和蓬勃的发展,才有了我国体育事业的快速发展和世界影响力的迅速扩大。也正因为他们这样的生活,才为他们后来的退役就业、生活秩序重构埋下了浓墨重彩的一笔,成为他们一生必然要经历的重大人生转折。

第四章

秩序转换：运动员生活的终结与退役生活的开始

运动员们从几岁起进入运动队这个大家庭，在教练们精心的呵护下和严格的训练下，大都成长为较为优秀的运动员，在国际和国内各级各类的比赛中为国家和他们所代表的山西省取得了许多荣誉。"铁打的营盘流水的兵"，运动队伍的长期发展需要正常的新陈代谢，只有通过成功的有效的运动员的更新换代，才能使一支运动队长期保持较高的竞技水平和健康的发展活力，山西省武术队就这样走过了 50 多年的光辉岁月。运动员作为体育竞技者，其运动生涯是不可能持续终生的。所以，无论迟早，无论是否愿意，运动员们都必定面临身体机能退化、竞技水平下降，最终走向退役这个问题。退役既是运动员竞技职业生活的终结，也是其脱离运动员身份选择另一种新生活的开始，所以运动员退役必然面临既有生活秩序的打破和退役后新的生活秩序的重建。

第一节 退役：竞技生涯的终结

竞技运动对于运动员而言是有一定年龄限制的。武术运动项目对运动员的个人身体素质同样有着十分高的要求。从几岁开始训练，

"高、难、美、新"①就成为每一个武术运动员努力的方向。对每一个武术运动员而言,从儿童少年时期开始的训练已是他们生活的一部分,已经融入了他们的生活。但是,无论成绩优秀与否,运动员们在长期的训练过程中都不可避免地留下了或多或少的伤病,这在带给他们痛苦的同时也在侵蚀着运动员们的运动寿命。而且,武术运动也是一项对体能要求颇高的运动项目,随着年龄的增长,运动员们的运动机能在不断下降,导致运动员们在完成动作时力不从心。尽管随着年龄的增长,运动员们对于动作完成的能力在提高,但这依然不能弥补运动机能下降所造成的影响。当然,由于个体运动机能差异性的客观存在,每个运动员的竞技巅峰并不是一致的,这样就有了少年成名和老当益壮的区分。国内少年成名的武术运动员中最为著名的当属李连杰,他在14岁时夺得全国武术全能冠军,这在现在也是一个难以打破的纪录。山西武术运动员中也有许多年少成名者,"武术王子"原文庆21岁时就在1987年全运会上拿到了两枚金牌,是第六届全运会山西省获得冠军奖牌数的三分之一。同样,随着年龄的增长、伤病的累积,运动员们的身体机能不断下降,运动员们只能遗憾地离开自己为之付出艰辛和努力的赛场。但也有运动员因自我调整得法,可以最大限度地延长自己的运动寿命。原文庆在1993年获得第七届全运会冠军后,曾感慨道:"练了这么多年武术,浑身上下伤痕累累,不论从身体还是心理都需要休息了!"②但随着1994年广岛亚运会的临近,国家和省体委领导一再捎话给他(原文庆),希望他以国家利益为重再披国家队战袍出征。家里人出于对他身体的爱惜,都劝原文庆慎重作决定。

---

① 新中国建立以后,为了改变武术以往的搏杀术和擂台赛非死即伤的现象,逐步建立了一套包括武术套路、武术散打、武术功法的完整比赛体系,其中武术套路比赛自20世纪50年代开始施行,而武术散打比赛的真正开始则在20世纪90年代以后,武术功法则更在21世纪以后。所以在20世纪90年代以前,中国武术比赛在国内主要是武术套路。经过长时期发展,在武术界各位专家和教练、运动员的共同努力下,武术套路比赛中强调"高、难、美、新",将其作为武术套路的发展方向和评价标准。
② 李永平:《原文庆:痴痴奥运情》,《山西日报》2004年7月26日。

考虑再三的他最终还是难舍对武术的那份挚爱和为国争光的愿望,重返赛场,并成为亚运会历史上第一个两度蝉联男子武术三项全能冠军的运动员。"①原文庆在1997年以31岁的"高龄"拿到了自己的连续三届全运会金牌,其运动生涯的长度和厚度都成为中国武术运动员群体中的佼佼者。

对于运动员而言,退役绝不仅是离开赛场那么简单,而是意味着运动员的竞技运动生涯就此终止。尽管他们以后还会参与到武术运动中来,但对这些曾经的职业运动者们来说,他们只能作为旁观者和业余的爱好者,而不再是一种职业和武术运动中的"我者"。所以,退役时刻往往就是运动员运动职业生活的一种终结,不同运动员对此有着截然不同的感受。尽管我国在不同历史时期对运动员退役安置政策进行了持续调整,但运动员作为一个体制内的人,其退役也一直并非是完全自主的,要通过上级的批准方可以退役。20世纪90年代以后,随着运动员自我意识的增强,运动员退役的主导权更多地掌握在了自己手中。对于山西省武术队来说,一方面,庞林太教练管理有方,他对运动队的管理与调适已经达到了炉火纯青的水平;另一方面,山西省地处我国中部,武术运动又不属于能够获得大量资金的项目,虽然各个运动项目的运动员之间以及武术运动员之间收入和生活待遇也有一定的差异性存在,但毕竟还处于可接受的范围。基于此,山西省武术队运动员在训期间或退役时并未因收入和待遇的差异滋生矛盾而发生过不和谐事件,总体表现是平静的。

值得注意的是,退役有时也并不意味着结束。有时出于确保竞赛成绩的需求,或出于运动员队伍持续管理的需求,退役了的运动员也会再次入队,为运动队取得好成绩而继续效力。原文庆就曾经两次退役,又两次复出,并连续夺得第七届、第八届全运会武术冠军。但复出

---

① 李永平:《原文庆:痴痴奥运情》,《山西日报》2004年7月26日。

并不是运动员退役过程中的普遍现象,而且无论复出几次,运动员最终还是会走向他们无法回避的竞技生涯的结局:退役。

运动员退役了,退出了以往充满活力与压力的竞技运动生涯,离开了曾经的竞技场和训练场,走向了另外一种人生。这既是一种运动员生涯的宿命,也是一种人生的再次出发;既面临一种既有生活秩序的终结与打破,也面临一种新生活的孕育和新生活秩序的重建。运动员要从高度集中的团队生活向社会职业生活过渡,重建理想的生活秩序,运动员自身的选择性、主导性与国家政策、社会变迁有紧密关联,其生活的自主性越来越重要。

第二节 退役的主体因素分析

运动员退役是对固有的运动员生活秩序的打破,是多种因素复合作用的结果。从国家层面的政治因素到运动员个体层面的年龄因素、伤病因素、家庭因素、竞技成绩因素,都影响着运动员的退役。

新中国成立以后,很长一段时间,体育运动的发展是国家意志的体现,运动队伍的建设管理、训练比赛都由国家进行了细致的规定。所以,在相当长的一段时间内,作为国家体育事业发展主体的运动员,其退役受到国家因素的决定性影响。

我国体育界长时期以来推行举国体制,"国内练兵,一致对外",在20世纪80年代之前连运动员上场都受到所在运动队的严格控制,"又红又专"的要求是真实的存在,而并非简单的口号诉求。在严格的运动队伍管理中,退役并不是一件随心所欲的事情,而是一个职业身份转换、更换工作岗位的重要事件,尤其对每一个运动员个体而言,此时的退役往往与运动员个体之外的其他事件建构起某种紧密的联系。此时,作为一个"国家的人",运动员的退役受政治因素的影响最为直接,有的运动员早已无法走上赛场,但却依然在竞技训练中竭尽自己的全力。同时,有的运动员则因种种政治因素而退役。对于山西武术运动员来说,最让他们记忆犹新的是"文化大革命"。1967年,所有的运动队解散,许多正值竞技巅峰的运动员被迫离开训练场和赛场,走向农村和工厂;而当20世纪70年代初,国家再次建立体育工作队伍时,大部分的运动员已无法重新登上赛场,一批小运动员取代他们成为祖国体育运动的主要参与者。张希贵先生也回忆:"1965年面临全运会时,武术比赛改革为表演,武术队随之解散。武术队解散后,我进入当时省体委。'文化大革命'开始后,山西省体委教练员、干部、工人共170多人去石家庄参加为期11个月的改造学习班。1970年参加完改造,体委共回来13个人,其他人都下放了。"①

所以,这一时期的运动员退役与政治要求有着内在的逻辑关系。同时,由于管理的问题,有的运动员早就处在退役的年龄却无法获批,只能以运动队为家,继续在运动队里从事力所能及的工作,许多队员就是在这样的岁月中成为了教练。

在运动队伍管理中,教练对运动员的技术水平认识最为深刻,所以教练对于运动员的入队和退役具有决定性的作用。"选调运动员,要逐步做到须由该项协会教练委员会推荐(提名可多于要求人数),经该项主教练同意确认,由主管单位审核,报体委批准。吸收运动员应严格考查政治质量,身体、技术、文化水平等条件。"②《山西省体育局优秀运动员招收分配管理暂行办法》规定:"优秀运动员的招收分为合同制和体育运动学校派遣两种形式。合同制是指通过省劳动部门办理招收合同制工人手续招收运动员的方式,运动员的身份为合同制工人。……小年龄运动项目(体操、艺术体操、蹦床、武术、跳水)采用合同制办法招收……采用合同制办法招收的运动员实行

---

① 采访张希贵,采访者田文波,2015年3月12日,地点:张希贵寓所。
② 国家体委:《优秀运动队试行工作条例》,1981年6月20日。山西省体育局档案室藏。

试训制。"①在运动员由试训转为正式运动员的过程中最具发言权的也是主教练。所以,在运动队伍中就会出现一种特殊的现象,由于主教练的更换,运动员有时也会被大幅更换,从而出现运动员正当龄却被迫"退役"的现象。

在特殊的年代,这种因特殊原因而退役的运动员占有相当比例。多重因素的影响使这些运动员往往在自己竞技水平处于高峰时过早退役,留下了竞技生涯中的人生遗憾。

改革开放以后,随着社会的发展,运动员们的运动生涯受到政治的影响越来越小。20世纪90年代以后,国家先后出台了省市之间运动员流动的相关规定和各省市协议合作培养运动员的政策,运动员的社会活动空间逐步放大,不再出现之前一旦在本省不能被使用就只能退役的情况。所以,在运动员的退役影响因素中,政治因素不再作为主导,年龄、伤病、家庭和竞技运动成绩成为运动员退役的主要考量因素。运动员的运动生命无论长短都是有限的,其中年龄是最主要的因素。随着年龄的增长,运动员身体的运动机能自然会或缓慢或快速地衰退,伤病也随之增多,从而导致运动员们的体能和机能不再符合训练和比赛的基本要求,被迫离开自己心爱的赛场。而且,年龄的增长使运动员面临的家庭压力也日渐增大,运动员会受到来自家庭和社会的成家立业的压力,毕竟,竞技水平不可能持续保持一辈子,成家立业对于一个人在社会中的成长却具有决定性意义。

除此之外,竞技成绩因素也是我们必须予以关注的运动员选择退役的重要因素。

康任侠曾经因为成绩无法突破而提出退役。"1993年至1997年,在这五年间我(康任侠)的个人运动成绩始终没有突破,在1997年的第八届全运会结束后我有了退役的想法,我个人认为从进队集训到参

---

① 《山西省体育局优秀运动员招收分配管理暂行办法》,晋体人[2003]1号,2003年2月21日。山西省体育局档案室藏。

加了两届全运会整整十年的时间过去了,在这十年间我认真学习、刻苦训练但始终在比赛中不能取得优异的成绩,可能是我本身就不是一块好的练武术的材料。因此,我向当时的女队主教练王爱珍提出了退役的想法,可是当时教练们认为我没有伤病,今后继续努力训练还是有机会出成绩的,就没有同意我的退役申请。1999年初,我在队里也算是老队员了。王爱珍教练在考虑运动员今后的发展情况后找我谈话,问我是否想去上大学,我当时就回答教练,我想去上学。武术院领导也同意我去上学,只是让我在2001年的全国第九届运动会比赛时回队参加比赛。之后,在武术院领导和教练的帮助下,我于1999年9月正式成为上海体育学院武术系的特招生,从那时起开始了我的大学生活。"① 康任侠代表山西参加了第九届全国运动会,但很遗憾,康任侠在2001年8月第九届全国运动会武术(套路)锦标赛中,由于指定难度动作出现失误,最终获得了自选太极拳太极剑全能第八名。"虽然成绩不是很理想,但我清楚自己已经尽力了。在九运会比赛结束后我正式办理了退役手续,继续在上海体育学院完成我的大学本科学业。"②

韩丽云的退役也是无法取得更好成绩的结果。"1982年正式转入体工队,这对我(韩丽云)来说是梦寐以求的事情,在当时就意味着我有了工作,在高兴的同时也开始了艰苦而枯燥的专业训练。那时的训练就是全天制的,为此在训练上也比以前努力了许多,之后也有幸参加了全国武术锦标赛。也许是我的天分不够吧,经过了多年的训练一直没有好的成绩,对此自己也感到苦恼。就在纠结是否继续训练下去的时候,也是机缘巧合,在比赛中接触到上海体育学院的院队教练,于是就下定决心上学,通过上学,提高自己对武术的进一步认识。后来通过教练庞林太和张玲妹的支持和自己的努力,我考上了上海体育学

---

① 据康任侠为本研究提供:《康任侠自述》,2014年9月21日。
② 同上。

院,开始了我的大学学习。"①

可见,成绩无法取得突破是运动员退役的重要原因。对于成绩不够出色的运动员寻求退役我们是可以理解的,既然不可能取得竞技成绩的辉煌,那么早一点退役寻求新的生活也是无可厚非的。但是成绩出色的运动员及早退役则与我们制定的安置政策有着一定的关系。各个省市对于成绩好的运动员往往会给予一定退役安置上的特殊照顾,所以,能够在全国比赛尤其是全运会中取得优异成绩的运动员,往往就会在获得荣誉后选择尽快退役,从而获得一份较好的理想的工作,使运动生涯的辉煌最大限度地为以后的生活奠定好的基础。由于运动员成绩的不确定性,"见好就收"就成为运动员们的普遍心态,而未能做到"见好就收"的运动员则往往可能成绩滑坡,最终反而不会有好的退役安置。山西省是竞技体育的"小省",地处中部,加之武术为非奥运项目,获得较好成绩的运动员们大多坚持到运动"高龄",为自己的运动队伍和所代表的省份尽了自己最大的努力。

无论怎样,退役是运动员必须接受的现实,每一个运动员都会最终走向退役,对于他们退役因素的分析可能会越来越细化。事实上,随着运动员个体意识的增强、社会观念的变革和社会就业环境的改变,退役的原因越来越直接且多样。山西武术队中的另一个代表性运动员袁晓超②退役的原因就是为了拍电影,因为他认为自己在影视领域可以获得更好的人生发展,可以借助影视媒体使自己的武术技艺发挥更大的影响力,更有利于个人的成长和个人武术事业的深度发展。

运动员退役因素从单一因素逐步发展到多样化和个性化,显示了

---

① 据韩丽云为本研究提供:《韩丽云自述》,2015年2月18日。
② 袁晓超,1988年8月7日出生于山东郓城,自幼便酷爱武术,有着极高的武术天赋。10岁开始在宋江武术学校习武,后在山西省长治市体校武术队训练,曾获得2008年北京奥运会武术比赛长拳金牌,2010年广州亚运会长拳冠军。随后签约华谊兄弟传媒股份有限公司,在2012年华谊功夫片巨作《太极1:从零开始》中出演杨露禅,成为新一代的影视明星。

中国社会的重大变革,同时也为我们探究中国运动员的人生发展提供了一种新的思考路径。

第三节　国家主导下的退役安置（1958—1990）

　　运动员在其运动生涯中为国家作出了巨大的贡献。在举国体制下,许多运动员为新中国体育创造了辉煌的成绩,有些运动员尽管未能取得很好的成绩,也在"国内练兵,一致对外"的感召下以陪练等形式为新中国体育事业作出了自己的贡献。团队作战一直是我国体育运动发展过程中的一种优势展现。在省级运动队中,虽然无法像国家队层面那样进行训练准备,但是也存在大量为运动队取得优异成绩而作出巨大贡献的默默无名的幕后英雄。所以,体育运动的发展绝不仅仅意味着那些精英运动员的杰出表现,而是整个运动员队伍共同努力的结果。基于这样的认识,国家对运动员的退役安置一直十分重视,期望通过国家制度层面的保障为运动员退役生活秩序的重建提供制度层面的支持。在20世纪60年代,随着运动员群体的扩大,运动员的退役安置已经为国家所重视,并制定了一系列的安置措施以保障运动员退役生活秩序的顺利重建。

　　具体到山西省武术队,1958年建队以后,山西省武术队基本与山西省体育事业的发展同步。作为山西省体育运动的突出代表,武术队是山西省体育运动的常青树,除去"文化大革命"开始几年间,武术队被解散外,武术队是山西体育史上历史最长的几支队伍之一。从20世纪60年代到20世纪90年代初,在国家统一安置下,众多的武术运动员退役后走上了新的工作岗位,踏上了新的人生征程。在国家安置退役的年代里,运动员们的生活是安定的,他们在退役时就会拿到一张新的工作通知,到新的工作单位去继续为国家工作。

对于退役运动员的安排,1962年全国体育工作会议指出:"安排好运动员的出路和来源。精简中还没有处理完的运动员,要本着负责到底的精神继续处理;已处理的要认真复查一次,确属处理不当的,应重新妥善安排。今后,对不适于继续训练的运动员,除分配工作或升学外,可举办短训班学习提高,使之具备从事教练员工作的能力;有培养前途的,应送体育学院运动系科深造(1963年先在北京、上海两所体育学院试办),培养成为具有较高专项技术水平和较丰富的运动实际经验,又有相当理论知识的专项教练、教师。这样,不仅给运动员安排了一条较好的出路,有利于巩固运动员的事业心,对提高我国体育专门人才的质量,提高我国运动技术水平和体育科学水平,都有深远的意义。"[1]运动员退役安置工作的开展有效地解决了运动员认真训练的后顾之忧,也为国家体育事业的长期发展提供了大批人才,有力地推动了我国体育事业的发展。

运动员长期的超负荷训练对运动员的身体造成了很大的伤害,使许多运动员在运动的黄金期因伤病被迫退役,因此,国家对因伤病退役的运动员进行了细致的安排。早在1962年原国家体委就指出:"一、对受伤未愈的运动员,应以先医治后处理的原则,待伤病治好后,根据医生的证明,再行分配处理。二、凡在训练、比赛中受伤致残的运动员,均按国务院对处理国家职工因公致残的有关规定,给予妥善处理与安置,使其安置后的生活,不受大的影响。三、在安排伤病运动员的工作时,要根据其身体条件,分配力所能及的事情,不要勉强分配身体负担不了的工作与劳动。四、对一时难以安排的人员,除积极设法进行安排外,在等待分配期间,要加强思想教育,关心他们的生活,不要歧视。五、对已被精简的运动员处理工作应作一次检查,发现确实

---

[1] 《一九六二年全国体育工作会议纪要》,此件经中央宣传部同意,国家体委1963年3月12日下发。山西省体育局档案室藏。

处理不当,本人要求重新处理的,应予纠正,另行安排。"①

1965年,原国家体委针对各地体委调整运动队伍,安置不能继续从事训练比赛的运动员,更进一步指出:"一、对不能继续从事专业训练的运动员,应本着负责到底的精神,给予妥善安置。防止简单草率,推出了事。要做到'人尽其才,各得其所''留者安心,去者愉快'。特别是对体育事业有过重要贡献的老运动员,必须作妥善安排,以便更好地发挥他们的作用。二、对离队运动员,首先要尽量在体育系统内部安排工作。他们经过多年的专业训练,有一定的专业知识和运动技术,要充分发挥他们的专长,继续为体育事业服务。同时还要注意把一些政治、思想、业务好的骨干提拔起来,充实教练和干部队伍。三、对一时不宜分配工作,而有培养前途的运动员,按国家体委(65)体干字136号《关于北京、武汉体育学院第二次内部招生的通知规定》,分别送到北京、武汉体育学院学习、深造。学习以后再由国家或原单位分配工作。四、有些运动员需要分配到其他行业和部门工作的,到新的单位后的工资待遇应保持不变。对回农村参加生产劳动的,应加以鼓励,但必须自愿。回乡前要与当地公社联系好,办好手续,并按规定发给离职金。对参加训练时间不长、年龄又小、不能从事工作的,应让其复学学习。五、对因伤未愈的运动员,应以先治疗后处理的原则,待伤病治好后,再根据医生证明和身体健康情况分配工作。对因伤致残影响劳动生产或失去工作能力的,要按国务院对处理国家职工因公致残的规定,给予照顾,妥善安置,保证其生活不受大的影响。六、离队运动员在等待分配工作期间,其工资和生活待遇不变。发给个人使用的训练服装等物品,离队时可以让其带走,不要伤感情。对他们的合理要求,只要能办到的,应尽量给予满足。七、运动员处理,是一项十分具体复杂的工作,必须政治挂帅,加强政治思想工作。各单位要有

---

① 《国家体委关于处理伤病运动员的几点意见(摘录)》,(62)体干字167号,1962年9月21日。山西省体育局档案室藏。

一位副主任具体负责领导这项工作。希望各地在处理运动员的工作中有些什么情况和问题,及时报告国家体委。"①上述具体措施的实行对运动员退役工作进行了细致的安排,使运动员能够十分安心、舒心地结束自己的运动生涯。

20 世纪 60 年代国家层面对退役运动员安排的细致程度由上述的规定可见一斑。"文化大革命"以后,中国体育事业百废待兴,对于优秀运动员的安排,国家依然十分关注,甚至对各省市运动员退役的比例都做出了比较细致的规定:"目前全国各省、市、自治区优秀运动员每年调整率约 15%。为了保证及时补充新生力量,今后各省、市、自治区优秀运动队在党委批准的编制人数内,每年可按 15% 进行调整。调整后的缺额,应允许选招补充,所需劳动指标,由各省、市、自治区劳动局在年度计划内予以安排。优秀运动员分配工作时,经过考核,符合干部条件的,由各省、市、自治区体委和人事局共同研究办理转干手续,按干部分配工作。按工人分配(具有劳动能力)的,由各省、市、自治区劳动局协助体委安排。"②由此可见,到 1980 年时,运动员的退役安置都还是由国家全面负责。

进入 20 世纪 80 年代,在运动员退役后的具体工作安排中发现运动员文化水平较低是制约运动员退役安置的一个重要因素。为了提高优秀运动员的文化水平,合理安置优秀运动员,当时的国家体委和国家教委发布了《国家体委、国家教委关于著名优秀运动员上大学有关事宜的通知》,通知中规定:"奥运会、世界杯、世界锦标赛单项前三名获得者和集体项目前三名的主力队员以及世界纪录创造者退役后拟升学的运动员,应于每年 5 月底前经本单位同意后向国家体委干部

---

① 《国家体委关于做好调整处理运动员工作的通知》,(65)体干字 177 号,1965 年 11 月 11 日。山西省体育局档案室藏。
② 《民政部、国家劳动总局、国家体委关于招收和分配优秀运动员等问题的联合通知》,民发〔1980〕26 号,(80)劳总计字 81 号,(80)体政字 253 号,1980 年 4 月 15 日。山西省体育局档案室藏。

司提出申请。申请入学的具体手续由国家体委另行通知。对于运动员文化水平的要求,规定凡未达到高中毕业水平的优秀运动员,由国家体委统一组织文化补习,待其具备进入高等学校学习的基本文化要求后,方可联系入学。符合普通高等学校招生体检要求年龄在30周岁以下的优秀运动员(申请进入成人高校学习者,年龄在40周岁以下),由国家体委会商国家教委与有关高等学校联系入学事宜。免于参加全国高等学校招生统一考试,由高等学校进行必要的文化考核,并决定是否录取。"[1]同时也规定,这些学生毕业时,仍然要回到原单位工作,工作需要进行调整的,由国家体委负责帮助联系。对于这些优秀运动员在文化补习和学习期间的津贴,则明确由原单位发放。这为优秀运动员安心训练,解决了后顾之忧,同时也为运动员退役就业后如何进行职业规划提供了思考。

　　为了保护运动员的利益,1986年11月,国家体委、劳动人事部、财政部发布《运动员退役费实施办法》,规定体委系统所属优秀运动队[包括省、自治区、直辖市体委下放到地(市、区)体委的优秀运动队]的正式运动员,退役时均发给一次性退役费。退役费的标准为:"(一)退役费基数。运动员退役时,根据其运动年龄长短,确定退役费基数。运动年龄为三年以下的,退役费基数为一百元至三百元(根据运动员的运动年龄长短和所作贡献,由各省、自治区、直辖市体委在此限额内具体确定退役费基数);运动年龄满三年及其以上的,退役费基数为五百元。(二)运动年龄每增加一年,在退役费基数上增发相当一个月体育津贴费(本人退役时的体育津贴费标准)的退役费。(三)在退役费基数上增发的退役费,最多不超过本人十个月的体育津贴费。"[2]

　　关于运动员运动年龄的计算,也作出了详细的规定:"(一)运动员

---

[1] 《国家体委、国家教委关于著名优秀运动员上大学有关事宜的通知》,(86)体干字1241号,1987年1月3日。山西省体育局档案室藏。
[2] 《运动员退役费实施办法》,(86)体干字1133号,本办法经国务院批准,1986年11月6日国家体委、劳动人事部、财政部发布。山西省体育局档案室藏。

自领取临时体育津贴之月起计算运动年龄,每满十二个月为一年运动年龄;满六个月不足十二个月的,按一年运动年龄计算;满三个月不足六个月的,按半年运动年龄计算;不足三个月的,不计算运动年龄。(二)运动员待分配期间不计算运动年龄。"① 但同时也规定:"运动员在队期间表现很差或待分配期间无正当理由不服从分配的,应减发或不发退役费。"② 关于具体发放,则规定:"运动员正式办理离队手续后,发给退役费。"③ 运动员退役费相关法规的出台既是对运动员运动生涯结束的一种补偿,也是国家退役安置方法的一个重要变化。

在这样相对稳定的退役安排环境下,山西省武术运动员的退役生活是惬意的,他们有的成为国家公务员,有的成为体育教师,有的成为武术教练,有的从事公安、武警工作,有的成为国有企业的员工,尽管他们所从事的行业各有不同,但他们几乎都与原来所从事的武术有着千丝万缕的联系。李莉回忆起退役时说:"退役的时候也考虑这些分配的事情,现在的运动员退役后基本都是上学,而我们那个时候就是选择进企业之类的工作,上学的都少,大部分直接参加工作了。相对足篮排那些是差一些,但是那时候包分配,怎样都有个工作。工作压力没有现在这么大。"④ 在张军平的记忆中:"那个时候退役后的运动员是包分配,分到各个地方,也有上大专去读书的。"⑤ 武术使他们的生活变得丰富多彩,即便是退役以后多年,依然可以看到他们习练武术的身影。只是不再是以往追求"高、难、美、新"的竞技性运动,而变为追求健康的武术演绎。

对于国家的安置,运动员大多是满意的,事实上他们也没有更多的选择,而且这些运动员们也没有更多的自由选择工作的能力。能够

---

① 《运动员退役费实施办法》,(86)体干字1133号,本办法经国务院批准,1986年11月6日国家体委、劳动人事部、财政部发布。山西省体育局档案室藏。
② 同上。
③ 同上。
④ 采访李莉,采访者田文波,2015年3月8日,地点:山西省武术运动管理中心。
⑤ 采访张军平,采访者田文波,2015年3月9日,地点:山西省武术运动管理中心。

第四章 秩序转换:运动员生活的终结与退役生活的开始

通过一份工作来展示他们所擅长的武术技艺,这是他们梦寐以求的事情,而且他们还由此实现了社会身份的转换:从运动队中的一员变为社会体系中的一员。

在国家安置过程中,除去上述的直接安排工作以外,运动员们退役上学也成为国家安置的重要手段。运动员进入高校深造,通过学习掌握更多的理论知识和实践技能,可以为以后所从事的工作奠定良好的基础。这些运动员通过高校的培养,在个人生活和职业成长方面显然有着更多的优势。李巧玲是较早进入高校学习的运动员,她在退役后进入北京体育大学学习,毕业后留校任教,现在已经是北京体育大学的教授,从一个普通的运动员成长为大学教授,可见高校的培养对她个人生活的深刻影响。另外,韩丽云在退役后进入上海体育学院学习,毕业后成为上海体育学院的武术教师;康任侠在退役后进入上海体育学院学习,毕业后到中北大学任武术教师,并参与了国家健身气功运动管理中心《健身气功·五禽戏》的编著和演示,成为国内外比较有影响的健身气功指导者。李莉回忆道:"1984年退役后也是通过考试去上的学,是国家体委组织的,算是优秀运动员高考。"[1]

运动员文化水平低,参加高考并进入普通高校就读并不是一件容易的事。山西自行车运动名将吴增仁对自己进入高校的过程有着清楚的记忆:"1984年,当时给我报了个文科。十几年没有复习要考试。考试时(题目)一个也不认识。周围坐的都是小孩,文科什么也不会,因为都是些死记硬背的。后来考完去找练改凤[2]了。我说:'练主任,这不行,这哪能上学呢?'当时不够分数的就投不了档,投不了档就上不了学。当时张维庆当副省长,体委写了个东西(信件)给张副省长。张维庆的批示我还记得很清楚:'像吴增仁等优秀运动员,把他们最好的年华都奉献给了山西体育,为山西体育作出了突出贡献。因为他为

---

[1] 采访李莉,采访者田文波,2015年3月8日,地点:山西省武术运动管理中心。
[2] 练改凤,时任山西省体委副主任。

体育奉献了,失去了同等条件下的学习机会。像这样的人我们能否用特殊条件考虑?'张维庆写得真的挺好,挺感人的。当时的省教委看了以后就把我们几个的档案全调到(学校)了。当时有十个人,全部上了大专班,当时就叫山西大学体育专科班。实际就是为了解决教练文凭问题。我确实想学,当时才20来岁,我觉得必须学。"①从吴增仁的回忆我们可以看出,当时国家的管理部门对运动员进入高校就读的重视和支持,这些重视和支持对于运动员而言显然是弥足珍贵的,并为运动员退役生活秩序的重建奠定了重要的基础。

由于运动员进入运动队时年龄较小,受到的学历教育自然不够完整。虽然他们在队期间也会受到一定的文化教育,但这种文化教育与完整的学历教育相比显然是不足的。同时,运动员作为运动技能上的天才,反映了他们拥有相对较高的智力水准,通过在高校接受高等教育,他们可以获得明显的提高,从而为他们的就业提供了更多的选择,使他们在生活秩序的重建过程中有多种可以选择的路径。

当然,国家安置的工作并不能让所有的运动员满意,而且随着改革开放的深入进行,原有的社会生活秩序被打破,不同的职业社会地位产生了巨大的差异,收入水平也差别很大。运动员们对退役后的工作安置也就不再像以前那样淡定,运动员开始希望能够从事收入更好或者更有前途的职业,但是国家也不可能为所有的运动员都提供使之满意的工作。这时,运动员们退役后的工作安置就开始产生职业差别的鸿沟,从而导致一些运动员对国家的退役就业安置怀有不满情绪。尤其到20世纪80年代末,许多企业开始因为经济效益差倒闭,从而使许多运动员出现了退役后刚刚安置就面临生活没有着落的境地。由于社会的变迁所带来的巨大变化,国家安置下的运动员退役生活存在诸多的不如意,对运动员重建自己的生活秩序产生了重要影响。

---

① 采访吴增仁,采访者田文波,2016年5月19日,地点:山西省体育竞赛管理中心。

而且,由于这一时期国家完全承担了运动员的退役安置工作,这给运动队伍的管理也造成了一定的困难。一个运动员一旦正式入队就意味着他以后的整个运动生涯都会由国家来进行安排,运动员的生活秩序逐步固化。由于运动员此时已拥有国家的职工身份,所以运动员一旦进入运动队伍,教练员就无法对运动员的去留拥有决定性的发言权。因此,一小部分没有进取心的运动员,在训练过程中出现不认真训练的情况时,教练就无法对这部分运动员进行严格的管理。而且,这部分没有进取心的运动员却有足够的时间关注自己的退役,一旦遇到他们认为好的工作安置机会就会积极争取;而那些优秀运动员反而因为专注训练而没有时间顾及自己退役后的工作安置,相对较好工作安置机会的失去,使这些优秀运动员对自己的前途产生怀疑,并直接影响训练和比赛。这种情况的出现成为取得优秀运动成绩的阻力,令运动队的管理者们备感忧虑。袁晓超在事业巅峰中途退役选择影视演员作为自己的职业,使队伍的主力队员出现青黄不接的现象,对山西省武术队的竞技成绩产生了很大影响。

20 世纪 80 年代,中国经济已开始快速增长,运动员经常到全国各地甚至世界各地参加各种比赛,他们比同时代的人们有着更为广阔的社会视野。运动员们开始追求更好的退役生活,而不再像以往那样满足于国家安置。上述情况的出现对国家的退役运动员安置工作提出了更高要求。正是在这样的历史背景下,国家对退役运动员的安置政策从 20 世纪 90 年代开始改变,由国家安置变为双向选择直至今天的自主择业。

第四节 走向自主择业的退役安置(1991—2008)

20 世纪 90 年代是中国社会急剧变化的时代,社会的变迁使运动员们的退役生活产生了多种选择,而不再是以往单一的由国家统一安置。选择度的逐渐扩大赋予了运动员在生活选择上极大的自由度,同时也使运动员退役后所从事的工作种类和退役生活秩序的建构更为复杂。多样性的选择使运动员退役后不再局限于从事与其运动专长相关的工作,这直接推动了运动员群体的自我实现。

从国家完全的统一安置到最后运动员自主择业政策的推行,运动员的退役安置政策经历了长时间逐步演变的历程。在1992年《山西省人事厅、山西省劳动厅、山西省体育运动委员会关于妥善安置退役运动员的意见》中,对运动员就业安排的必要性和难度作出了比较细致的说明:"运动员从小进行专门化训练,把宝贵的青春年华献给了体育事业。他们退役后,由于知识面窄和身带伤病,在选择新的职业时往往处于不利地位。所以,近几年来在经济调整和改革浪潮的冲击下,退役运动员的安置越来越困难。但是,运动员通过自己的劳动所创造的社会效益是不可替代的,也是无法用金钱计算的。因此,应该明确,妥善安置退役运动员,是社会对他们特殊劳动的尊重和回报。做好这项工作,不仅可以解除退役运动员的后顾之忧,而且可以鼓励在训的运动员努力拼搏,创造好成绩,为省争光,为国争光。"[①]并且,该文件根据当时的形势,对运动员退役提出了比较细致的意见:"一、鉴于运动员为全社会作出贡献,因此,运动员退役后,除少数符合条件的可以安置在省体育系统从事教练或业务骨干外,其他的应本着'从哪里来,回哪里去'的原则,分别按干部、工人由原输送地市的人事、劳动部门根据当地事业发展需要和运动员的特长统一安置。有关的部门和企事业单位要从大局出发,按照人事、劳动部门统一下达的安置任务,切实做好接收安置工作。二、退役运动员的安置工作一般每年的六月份和十二月份各进行一次。各运动队的退役运动员经省体委审批后,除按条件留用者和本人自己联系好接收单位者外,其余按干部、

---

① 《山西省人事厅、山西省劳动厅、山西省体育运动委员会关于妥善安置退役运动员的意见》,晋体人字[1992]41号,1992年11月10日。山西省体育局档案室藏。

第四章 秩序转换：运动员生活的终结与退役生活的开始

工人分别报送省人事厅、省劳动厅，省人事厅、省劳动厅审核后连同档案一起批转回原输送地的人事局、劳动局予以安置。必要时可以召开会议予以落实。三、退役运动员重新安置工作后，其工资待遇按国家人事部、劳动部、国家体委和省人事厅、省劳动厅、省体委有关规定执行。四、退役运动员要顾全大局，服从分配，按调动通知规定的时间计算，在一个月内必须到新单位报到。对不服从分配者，要进行教育，经教育再过一个月仍不去报到者，取消其分配资格，不发给退役费，按自动离职处理。五、省体委及各优秀运动队要积极开展对在训运动员的职业教育和一技之长的培训，帮助运动员提高二次就业的竞争能力，以适应市场经济发展的需要。"①在该文件中，有针对性地提出了退役运动员安置的一些具体措施，明确提出了安排退役运动员要适应市场经济的需要，说明国家经济形势的转变对具体运动员安置政策有相当程度的影响。

进入20世纪90年代以后，退役运动员安置出现了困难。为了对优秀运动员进行合理安置，充分发挥优秀运动员的运动技能特长，山西省安排一部分运动员担任了运动队伍的教练，并对优秀运动员留任教练员提出了具体的要求："1、能认真学习马列主义、毛泽东思想、邓小平理论和'三个代表'重要思想，拥护党的方针政策，坚持走建设有中国特色的社会主义道路，在政治上和思想上能与党中央保持一致。2、有高度敬业精神和强烈的事业心，有为我省体育事业奋力拼搏的献身精神。3、具有一定的竞技体育所必需的基础理论知识、训练教学的基本技能和所从事的运动项目教学能力及管理能力。4、具有国家承认的体育专业大专以上学历。5、具有六年以上运龄并获得过全国三大赛前三名。6、身体健康。"②在此基础上形成了具体的试用办法：

---

① 《山西省人事厅、山西省劳动厅、山西省体育运动委员会关于妥善安置退役运动员的意见》，晋体人字[1992]41号，1992年11月10日。山西省体育局档案室藏。
② 《山西省体育局优秀运动员留任教练员暂行管理办法》，晋体人[2003]22号，2003年11月26日。山西省体育局档案室藏。

"优秀运动员留任教练员实行试用期制,试用期为一年。在试用期内应在项目主教练的领导和指导下承担一定的训练、比赛的教学和管理工作,积极开展工作,注重实际教学能力的提高。试用期满经考核合格后按规定办理留队任教手续,考核不合格按退役运动员对待。"①试用期过后,还要进行相关答辩:"优秀运动员在留任教练员试用期内至少要进行两次定期考核。考核工作由省体育局竞技体育处、人事处会同单位主管领导、训练部门、教练组及资深已退休老教练组成的考核组进行。考核内容主要为教学能力、管理能力、敬业精神、合作精神和创新能力(考核办法另行规定)。试用期满后在考核的基础上进行专业答辩。"②相关政策的制定和具体方法的实施,为运动员退役后从事教练工作提供了有径可循的就业通道,有效地促进了运动员退役转任教练工作的推行,推动了退役运动员就业安置工作的开展。

在这一时期,运动员的成绩对于其退役安置是十分重要的。田晓慧是"练到 25 岁左右退役的,也就是 1998 年左右吧,退役后休息了一年多,2000 年开始当教练,开始带的是小孩子,2003 年开始带一线队,一直到现在,中间也带过一段时间的二线运动员,去年开始又带一线的。因为我是全国对练、形意拳冠军,所以就留队帮忙,带一些小孩子,因为队里面也缺教练,更缺女教练,所以一年后转成正式教练开始带队"③。罗俊伟"2001 年拿到全运会冠军后就确定可以留队了,全运会拿到冠军可以转过来当教练"④。对于山西省武术运动员退役的基本状况,山西省武术运动管理中心副主任李莉认为:"做运动员的时候可能还认识不到这些问题,随着年纪增长也会考虑,对老运动员还是

---

① 《山西省体育局优秀运动员留任教练员暂行管理办法》,晋体人[2003]22 号,2003 年 11 月 26 日。山西省体育局档案室藏。
② 同上。
③ 采访田晓慧,采访者田文波,2015 年 3 月 6 日,地点:山西省武术运动管理中心。
④ 采访罗俊伟,采访者田文波,2015 年 3 月 6 日,地点:山西省武术运动管理中心。

挺困扰的,上学还是工作都是问题。优秀运动员还好,一般运动员也只能走国家那种单招考试,成绩好的队员体育局也会负责安排工作,系统内部就自我消化了。"①

为了更好地安置退役运动员,从20世纪80年代开始发放的退役运动员安置费到21世纪初开始进行细化,从而使运动员的退役安置在经济方面得到具体的支持。2001年,《山西省退役运动员安置暂行办法》对运动员退役安置费用的发放有着详细的规定。关于运动员退役时间与安置费用领取,该办法指出:"此办法下发之前已退役的运动员须在二个月内办完领取一次性安置费自谋出路的手续;此办法下发之后退役的运动员须在一个月内办完领取一次性安置费自谋出路的手续,逾期不办者视为自动放弃领取一次性安置费,并按自动离职处理。"②该文件同时制定了人事代理的相关办法:"已批准领取一次性安置费的退役运动员与人才中心签订人事代理合同,要坚持'从哪里来回哪里去'的原则。同时考虑到退役运动员曾为我省的竞技体育所做出的成绩等因素,与何级人才中心签订人事代理合同,一般按以下条件办理:(一)凡获得省比赛第一名以上(含省比赛第一名)成绩的可与省人才交流中心签订人事代理合同。(二)凡从外省引进的退役运动员可与省人才交流中心签订人事代理合同。(三)凡获得省比赛第二名以下(含省比赛第二名)成绩的与招收时户口所在地人才中心签订人事代理合同。……退役运动员与各级人才交流中心签订了人事代理合同后,退役运动员所在单位将退役运动员的人事档案、户口移交相应的人才交流中心,与省体育局脱离人事关系;移交各级人才交流中心的退役运动员的人事档案及户口代理费,第一年由退役前所在单位支付,从第二年起由本人支付。"③

---

① 采访李莉,采访者田文波,2015年3月8日,地点:山西省武术运动管理中心。
② 《山西省退役运动员安置暂行办法》,晋体人[2001]14号,2001年7月6日。山西省体育局档案室藏。
③ 同上。

关于一次性安置费的发放标准,该文件指出:"退役运动员领取的'一次性安置费'由基础安置费、运龄安置费、成绩安置费三部分相加组成,基础安置费每人10 000元;运龄安置费为每一年运龄2 000元,累计相加(运龄从正式计算工龄时起至被批准退役之日止计算,不满6个月的按半年计算。因个人原因停训期间不计算运龄);成绩安置费(见表9)。"

表9 山西省运动员成绩安置费发放标准(单位:万元)

比赛层次 \ 名次	一	二	三	录取名次
奥运会	7	4.5	3	2
世界比赛	4.5	3	2	1.5
亚运会、亚洲比赛、全运会	4	2.5	2	1.5
全国比赛	2.5	2	1.5	1

注:(1) 世界比赛为世界锦标赛、世界杯赛;亚洲比赛为亚洲锦标赛、亚洲杯赛;全国比赛为国家体育总局规定的与体育成绩津贴挂钩的比赛。
(2) 非奥运会项目的世界比赛、亚洲比赛成绩计算,均下调一个比赛层次。
(3) 团体比赛非主力队员的成绩按下调一个比赛层次计算。
(4) 成绩安置费的计算按所取的成绩的最高的一次计算。
资料来源:《山西省退役运动员安置暂行办法》,晋体人[2001]14号,2001年7月6日。山西省体育局档案室藏。

该文件还规定了退役运动员领取一次性安置费的基本程序:"(一)退役运动员在被批准领取一次性安置费并与各级人才交流中心签订了人事代理协议后,由本人所在单位人事部门发放'领取一次性安置费通知单'。(二)退役运动员持'领取一次性安置费通知单'到本单位财务部门领取一次性安置费。"①

安置费用的发放反映了国家对运动员退役的重视,也反映出运动员就业的困局。而且,人事代理、安置费的标准也与运动成绩相关,运

---

① 《山西省退役运动员安置暂行办法》,晋体人[2001]14号,2001年7月6日。山西省体育局档案室藏。

动成绩好,人事代理的层次相对高,安置费也就越高,这就使得精英运动员无论是退役工作的安置还是安置费用的领取都较普通运动员更有优势。

为了鼓励优秀运动员努力学习科学文化知识,适应退役后再就业的需要,2003年,国家体育总局设立在役运动员奖学金、退役助学金,对优秀运动员进行资助,并提出了奖学金、助学金发放的基本原则:坚持有利于提高运动训练水平,有利于鼓励运动员加强文化学习、提高综合素质,有利于运动员退役后再就业。"符合条件的退役运动员分配工作或自主择业后,在半年内取得劳动保障部门认可的职业资格证书或在一年内取得教育行政主管部门认可的全日制高等学校入学通知书可以提出申请。"①关于退役运动员的助学金标准,明确规定:"退役后半年内经所在单位批准,参加体育行政主管部门认可的职业培训机构举办的职业培训并取得劳动保障部门认可的职业资格证书的,一次性给予奖学金或助学金2 000元……退役后参加全日制大专学历教育且签订自主择业协议的,一次性给予助学金10 000元;退役后参加全日制大学本科学历教育且签订自主择业协议的,一次性给予助学金15 000元。"②关于如何发放,国家也给出了具体规定:"退役优秀运动员获得助学金的,根据相应省、自治区、直辖市和计划单列市体育局提供的运动员学籍证明复印件、第一学期学习成绩单复印件或职业资格证书进行,中华全国体育基金会在退役运动员入学后的第二学期或获得职业资格证书后将助学金直接划转到省区市、计划单列市体育局指定的帐号内,由其统一发放。"③山西省为了贯彻执行国家体育总局的相关规定,制定颁布了《山西省体育局退役优秀运动员助学金发放试行办法》,细化制定了相关标准:"(一)退役后继续参加学习享受助学

---

① 《国家体育总局优秀运动员奖学金、助学金试行办法》,体人字[2003]425号,2003年11月11日。山西省体育局档案室藏。
② 同上。
③ 同上。

金资助的标准为,大专学历3 000元、本科学历5 000元。(二)退役后一年内取得高等院校录取通知书,并参加高等院校全日制学习的享受助学金资助的标准为,大专10 000元、本科15 000元。"①具体的发放标准,该办法规定:"(一)退役后继续完成学业的,享受3 000元或5 000元助学金标准的运动员,由省体育局审核后将其受资助的助学金金额一次性支付给运动员本人。(二)退役后一年内获得高等院校录取通知书的,参加全日制教育的运动员,由省体育局体育经济处在第二学年给运动员本人支付部分资助款,大专为2 000元、本科为3 000元,剩余款额到其学业结束、领取了毕业证书后支付。"②国家对于退役运动员继续学习或者深造给予的巨大支持,使运动员们在退役后可以有条件接受更高层次的文化教育,运动员的就业能力得到增强,就业困难得到一定缓解,就业机会也相应地大大增加。

随着国家对运动员退役工作的重视和深入,1990年以后,国家先后批准44所高校可以招收民族传统体育学的本科生③,这一专业本科生的录取大部分来自退役运动员。为了让运动员能够更好就业,许多优秀运动员在队期间就已经开始进入大学,成为大学的一员。运动员能够更早地取得大学文凭是十分重要的,这样使他们在同龄人中既具有一定的运动技能,又可以拥有一定的学历,为退役后的职业选择提供了多种可能。而且,在教育部批准下,许多高校可以招收高水平武术运动员,这种政策使一些优秀运动员进入高校代表队,代表学校在大学生运动会上取得了优异成绩。同时,一些运动员转入其他专业进行学习。这一招生政策使运动员可以通过自己的努力掌握更多的其他领域的专业知识,使自己具备更强的竞争力。多渠道的学习方式,

---

① 《山西省体育局退役优秀运动员助学金发放试行办法》,晋体人[2004]29号,2004年10月8日。山西省体育局档案室藏。
② 同上。
③ 据国家教育部相关统计,截至2012年,全国有44所高校可以招收民族传统体育与武术专业的本科生。

使运动员在训期间就具备了一定的竞争力,再加上他们本来就拥有的运动技能特长,运动员退役后的社会竞争力得以显著增强,他们从事多种职业的可能性大幅度提高。

山西省武术队在1958年刚建立的时候只有武术套路运动员,1980年以后开始有大量的武术散打运动员。如果说武术套路运动员更多展示的是中国武术的表演性,展示了武术之美,那么武术散打运动员则更着重于武术的技击实战。由此,武术套路运动员和武术散打运动员就成为一个运动项目中气质类型完全不同的两类运动员,这两类运动员的退役就业观念也因此而产生了相当大的差异。

最吸引退役武术套路运动员的是参与影视作品的拍摄,许多运动员希望成为像李连杰、吴京那样的武打明星。李连杰是北京市武术运动员、全国武术全能冠军,在20世纪80年代初参加了电影《少林寺》的拍摄,成为当时中国大陆最知名的动作明星。20世纪80年代是一个武术的时代,拍摄了大量的武打影视作品,尽管至今为人所知的并不多,但那个时代对于武术套路运动员而言无疑是幸运的,因为历史给了武术运动员成为明星的机遇。许多山西运动员与李连杰是同时代的运动员,孟耿成、巩铁练都是全国冠军,他们也先后参加了各种武术影视作品的创作。孟耿成作为央视《水浒传》中时迁的扮演者给观众留下了深刻的印象;文喜太1985年参加了电影《黑匣喋血记》的拍摄工作,该影片上映后获最佳卖座奖;原文庆在其退役、复出的运动生涯中也参加了大量的影视作品拍摄。山西武术运动员的影视之路尽管没有走出李连杰、吴京那样的超级功夫明星,但也为我国功夫片的繁荣作出了有益的探索,在某种程度上也为中华武术的世界传播作出了自己的贡献(见图11)。

吸引武术套路运动员的工作还包括去武校担任教练。20世纪80年代以后,随着《少林寺》的热播,武术热一时之间成为中国大地特有的文化现象,许多武术学校如雨后春笋般建立起来,最为兴盛的时候

图 11　1983 年拍摄电视剧《杨家将》时导演与山西省武术队的武打演员们合影

仅河南登封一地就有 10 万人练习武术①。2003 年,武术相关产业产值已占到登封当地 GDP 的 45％,成为当地主导性产业,这在全国也是一个并不多见的经济现象。所以,运动员退役后也有许多从事社会武校的教练工作。由于社会武校大多属于民办学校,这些退役运动员所具有的优秀运动成绩对于社会武校的招生有着巨大的助力,退役的武术运动员们因此成为社会武校争相延揽的对象。这些运动员退役成为武术学校的教练后,他们对于武术的热爱得以继续,生活与收入也都有了不错的保障。

与武术套路运动员不同,武术散打运动员的就业与他们的格斗技巧有着十分紧密的关系。许多散打运动员退役后进入了武警、公安等国家部门,在执法斗争中显示出他们的专业特长。当然,也有一些武术散打运动员成为改革开放以后富起来的那部分人的保镖。武术散打运动员与武术套路运动员相比,更注重运动格斗技能的培养,再加上在训练比赛中也要求具备特定的"杀气",所以,这些运动员所具备的较为刚强的性格和好斗的个性,对他们的退役生活产生了十分深远

---

① 易剑东:《武术为什么要进入奥运会?》,《搏击》2002 年第 1 期。

的影响。

上述运动员的退役职业选择是具有代表性的。此外,还有一些运动员开始经商,有的成为公务员进入体育行政管理部门,还有一些运动员最终因成绩优异留队,成为运动队的管理者和教练。山西省现役的武术队教练和团队都来自这支优秀的队伍,尽管他们不是山西省武术运动员退役选择的主流,但他们却不折不扣地担负起让这支队伍长盛不衰的职责。这些运动员能够留下,最重要的因素是他们本身优秀的运动技能,袁新东、罗俊伟都曾经是全运会冠军的获得者①,庞春江作为领队本身也曾经是全国武术的冠军选手,山西省武术队之前的两位主教练张希贵、庞林太也都曾经是优秀的武术运动员。作为竞技体育项目,教练自身如果达到曾经的运动技能的高度,对于成为一名优秀教练是非常有帮助的。

由上所述,随着运动员的退役,运动员在长时期运动生涯中形成的固化的生活秩序被打破:在时间上,运动员时代十分严格的作息管理和训练管理不复存在,退役后的运动员相较他们的运动生涯将有着自由度很高的时间安排;在生活的核心内容上,训练比赛不再是生活秩序的核心,新的职业的工作内容成为他们将为之努力的方向;在生活保障方面,国家给运动员提供的衣、食、住、医疗等全方位的保障也不复存在,取而代之的是各种不同职业的有限的生活保障,工资和津贴的保障也因运动员退役后从事的不同职业而有了巨大的变化;在思想教育方面,不再有专人负责这些退役运动员的教育,国家法律和社会道德要求退役运动员自觉约束自己的思想和行为;生活中实现人生价值的主要目标不再是为国争光,而是在新的职业中体现自我的人生价值。运动员固化的生活秩序已经被打破,新的生活秩序正在建立,这一建立过程与他们的退役职业选择形成紧密的逻辑关系。

---

① 袁新东、罗俊伟在 2001 年第九届全运会上获得金牌,后来退役后留队任教,袁新东是山西省武术队男队的主教练,罗俊伟是山西省武术队男队的二线队主教练。

第五章

秩序重建：退役生活的不同样式

　　武术运动员退役以后，不再是过着以往的训练馆、宿舍、食堂三点一线的生活，而是由一个制度中"运动"的"人"重新成为一个社会中的普通个体，对他们每个个体而言，生活状态的再次恢复需要一个适应的过程，而且这种基本的生活形态的恢复甚至可能需要终生的努力，甚至直到他们退休，他们依然生活在自己曾经的运动员生活状态中。就生活秩序而言，退役生活则意味着旧有的运动员生活秩序打破后的重新建构，而这种重建对于曾经的运动员来说则是他们的另一种职业生活或职业选择。退役运动员通过自我的主动调整，努力把握时代脉搏，发挥运动员的优势，适应国家和时代的需要，就能逐步重建良好的生活秩序。但无论怎样，生命中曾经的运动员生涯将铭刻终生，旧有的运动员生活秩序也在生活秩序的重建过程中潜在地发挥影响作用。对于不同的运动员个体而言，由于其所从事的新职业的不同，其所重建的生活秩序也有所不同，因此，退役生活的不同职业选择就成为影响生活秩序重建的关键因素。

第一节　重建秩序的开始：从期待到适应

　　生活在本质上是不完善的，每个社会个体都希望能够合理安排自己的生活,这就意味着他们必须不断破除由于群体统治和技术统治而带来的不适和阻力,从而以新的形式重新建构自己的生活秩序。每个社会个体面对他们的新生活时都充满了对未来的憧憬,尤其对那些从儿童时代就开始训练的运动员而言,运动员的运动生涯无疑是刻板的、紧张的,过往的固化的生活秩序在退役后被打破,退役的他们面临的是"新"生活的开始,也面临新的生活秩序的建构。运动员们儿时的快乐全部被一系列的训练所充满,一个个练习千万次的技术动作成为运动员生活的目标,在他们幼小的心灵中,技术的进步是全身心投入的追求。训练场里的器械、食堂里的饭菜、宿舍里简单的铺盖共同构成他们生活的全部。尽管他们也可以像正常的儿童一样去追求自己的美好向往,但现实往往给他们以最大的限制,毕竟,他们已不再是简单地作为儿童的社会个体的存在,此刻的他们已经是"国家的人",已经有可以计算的工龄,而且每个人都可以领到一定的工资和津贴。对于不同时代的运动员们来说,他们的社会待遇有很大的差异,但他们都已经成为国家体系中的一员,已经成为中国这座宏伟的竞技体育金字塔中的一块基石。所以,运动员在经过长时间的运动生涯后,对于新的生活充满了期待,他们期待着一种全新的理想化的生活秩序。

在对山西省武术运动员的调查中我们发现,许多运动员在经过多年的运动生涯后都期望着新生活的到来,毕竟,每一个运动员都明白,运动生涯相对于人生而言是短暂的,即便是拥有较长的运动生涯,武术运动员所需要的运动能力也将会限制他们的运动成绩。原文庆第三次参加全运会时31岁,在普通人眼中尚是青年,但在运动员队伍中已是"老将"。

在运动员的运动生涯后期,退役已经是生活的必然。所以,退役对大多数运动员而言是一件自然而然的事。只是对于未来的憧憬,运动员们却怀有很多的不同,这就意味着运动员们所期望的生活秩序是多样的。

尽管运动员们对未来充满了渴望,也愿意以全新的热情和态度进入新的生活。但随着运动员准军事化生活秩序的打破,如何重建普通社会个体的生活秩序成为他们退役时面临的巨大考验。而且在现实生活过程中,生活秩序的重建并非都能符合运动员退役时的憧憬,新生活在刚刚展示它的美好之后便对运动员们展现出更多的陌生。所以,对于曾经生活在固定模式之中的运动员来说,对于新的生活必须经历一段相当长的适应期,这也意味着运动员生活秩序的重建需要经历一段较长的时期,运动员离开运动队后要经历很久的适应历程。对于运动员们来说,去高校就读可能是他们能够选择的最好的过渡期。进入大学,退役的运动员们一方面与社会有了更多的接触,另一方面又在生活的基本方面维持了和运动队同样的节奏,再经过四年的过渡,他们对于生活的基本把握就成熟了,更容易成功建立自己新的生活秩序。

不同的运动员个体对于新生活的适应是不同的,有的运动员很快适应了自己的新生活,从而在新的生活中如鱼得水;有的运动员则迟迟不能适应自己的新生活,从而在新的生活中举步维艰。由此,运动员重建生活秩序并不只意味着成功,失败也是运动员退役生活秩序重建过程中所面临的必然风险。

运动员们对自己的退役生活都充满了期待,但不同运动员的退役生活有着很大的不同。武术运动员们在离开熟悉的竞技场后,或主动或被动地进入退役生活当中,旧的运动员生活秩序被打破,新的生活秩序却还没有建构起来,这就要求运动员在退役后能够迅速适应新的生活。

在退役运动员生活秩序的重建过程中,不同的个体有不同的心路历程,不同的个体有不同的建构方式,从而导致了不同的建构结果,在社会中也就产生了不同的社会影响。

第二节 秩序重建的结果:武术运动员 退役生活的不同样态

随着社会主义计划经济向社会主义市场经济的转型以及改革开

放的不断深入,社会变化日新月异,运动员不但要从原来的生活状态中走出来,而且要面对多彩纷呈的生活图景,主动或被动地不断做出新的生活抉择。退役运动员新生活样态的形成不是一蹴而就,从固有的生活样态到变化的生活样态,从从事一种职业到不断尝试,构成了武术运动员多样的退役生活样态图景。在此基础上,运动员退役之后所重建的生活秩序不再是国家严格要求下整齐划一的运动员生活范式,而是经过运动员个人追求和多样化职业选择后所建构的多彩生活秩序,呈现出成功、普通等不同的外在表现。

运动员退役生活秩序的重建,受到了众多因素的影响。退役运动员们或根据国家的安置,或依靠自己的兴趣,从运动领域转向另一个或熟悉或陌生的工作领域,不同的样态构成了运动员退役后不同的生活秩序。值得注意的是,有的运动员退役以后进行了多种工作的尝试,退役生活呈现出多种样态的复杂状况。武术运动员退役以后,选择的职业主要有教练、社会武术推广者、教师、影视演员、官员、公安武警、商人等多种职业。就山西武术运动员而言,也大体是这些选择,我们对武术运动员退役生活秩序的深入研究也就由此而展开。

一、教练:技术的传承与发展

由于项目自身的要求,武术运动员入队都比较早,在接受了长时期的武术训练后,武术成为他们生活的重要组成部分,退役后对运动员们的影响依然十分深远。因此,退役的武术运动员们很多都当了武术教练,成为竞技武术运动的传承者。

退役运动员们成为教练以后,为武术运动的发展作出了贡献。在山西省武术运动崛起的 20 世纪 70 年代,所取得的成绩中就倾注了张希贵、庞林太、张玲妹等教练的心血,而他们都曾经是山西省武术队的优秀运动员。

张希贵"1958 年从太原师范专科学校毕业后进入山西省体工队武

术队。1958年8月,张希贵代表太原参加了在太谷举行的全省武术比赛,名列前茅。同年10月又代表山西省赴北京参加全国武术比赛,获三等奖。同年,山西省体委为迎接第一届全国运动会,组建武术队,张希贵被选中进了省武术集训队,担任队长"①。1959年,"全运会结束,1959年12月,武术队正式建队,领队翟敏彦,教练韩子先、段海峰和运动员兼教练员李三元。运动员有张希贵、程登华、赵世林、庞文国、贾宝寿、武元梅、于改英、李林凤"②。1961年至1963年国民经济困难时期,"体工队贯彻'调整、巩固、充实、提高'方针,武术项目只保留张希贵、武元梅、赵星全、孙国栋四人。教练韩子先调任食堂采购,其他运动员均回原籍分配工作"③。1962年10月,张希贵退役,由运动员提拔为教练,开始了他的教练生涯。武元梅退役后,在1966年至1981年先后在大同、张家口、邯郸任武术教练。④

几乎与此同时,庞林太也开始了自己的教练生涯。在山西省武术运动员中,庞林太是最早的一批,"1956年他(庞林太)在太原师范上学时参加了全省摔跤比赛,获第二名,并被选拔到省摔跤队。训练之余,他又自习武术。到第二年(1957年),他在山西省武术、摔跤比赛中力挫群雄,独占两项比赛的鳌头"⑤,最终成为了山西省武术队的专业运动员。从运动员退役后,庞林太又成为山西省最早的武术教练之一,并由此开启了一个辉煌的山西武术时代(见图12)。

如前所述,1958—1966年是山西省武术运动的初步发展时期,当时的训练生活十分艰辛。张希贵担任武术教练后,一心扑在训练上,为了出成绩,他和运动员吃住在一起、生活在一起,因此运动队成绩年年提高。当时一些被视为"不是材料"的运动员,经他训练后,大都成

---

① 编辑部:《张希贵》,《山西体育文史》1989年总第12辑。
② 张日申、王斌海:《山西体工队史》,山西省体工队,1993年,第124页。
③ 同上。
④ 编辑部:《武元梅》,《山西体育文史》1989年总第12辑。
⑤ 编辑部:《庞林太》,《山西体育文史》1989年总第12辑。

为全国优秀选手,并使山西武术运动水平很快进入全国先进行列。1964年,在济南举行的全国武术比赛中,武元梅获得了长器械冠军,为山西武术在全国比赛中夺得了第一枚金牌。

图12　金牌教练庞林太载誉归来

作为20世纪70年代山西省武术队的总教练,张希贵对自己的教练生涯有着深刻的记忆:"每天早晨6点起床训练,上午训练2.5小时,下午训练2.5小时,晚上有时学习,有时训练。那时候当教练确实很辛苦,又是保姆又是教练。'文化大革命'后,其他项目都没有恢复,那时恢复武术运动员不是为了争金牌,不是为了运动会,是为了给工农兵表演,为工农兵服务。但为了长远比赛考虑,也按正规训练,要求是很严格的。因此在1972年比赛中荣获冠军。1974年以后除了个人冠军,还有全能冠军。1979年第四届全运会时目标为全国冠军,当时运动员的年龄结构就逐渐增长,最大的20多岁,领导认为没有发展空间了,又增加了新一批年轻队员的补充,所以年长一点的队员就全部退役、转业了。当时山西队的水平应该在全国排得比较靠后,但经过五年的训练,基本能保持在全国前三名,成绩非常显著。当时体委还奖励了一个黑白电视,在山西省运动队中还是第一家。"（见图 13）①关于职业的艰辛，张希贵回忆自己的教练生涯时，依然有着深刻的回忆："因为家里有小孩，所以基本不住队，在家住。但有住队的。早上 6 点到队里叫队员起床，晚上 9 点半队员熄灯入睡后再回家，天天如此。"②

20 世纪 70 年代是山西武术走向辉煌的成熟发展时期。在 1972 年首次举行的全国比赛中，新队员魏素英获得拳术第一名；1974 年在西安举行的全国武术比赛中，队员贾慧卿一人获得三项冠军和一个第二名，为山西夺得了第一枚全能武术金牌；巩铁练也在 1975 年第三届全国运动会上获得了棍术全国冠军。同时山西也涌现出孙国栋、赵星全、魏补全、周玉芳、孟耿成、李巧玲等有影响的优秀选手，他们先后数次以中国武术代表团成员的名义出访世界五大洲几十个国家和地区，进行武术表演，宣传中国武术。

图 13　1978 年山西省武术队荣立集体一等功，张希贵获个人二等功。省体委奖励黑白电视一台。

---

① 采访张希贵，采访者田文波，2015 年 3 月 12 日，地点：张希贵寓所。
② 同上。

庞林太教练生涯的辉煌起步则要到"文革"以后,"文革"时期,庞林太被下放到平鲁县的骆驼山乡插队。由于山西省武术队的发展建设需要,1972年5月,当时的省体委研究决定,将庞林太从平鲁农村插队调回省队担任武术队的教练。时年34岁的庞林太就任武术队教练后,他最大的追求就是努力实现山西武术腾飞这一梦想。上任伊始,庞林太面临的是百废待兴的武术队建设局面。挑选具有较好天资和发展潜力的运动员组队,成为庞林太教练面临的首要任务。为此,庞林太不惜花费长达一年的时间,深入太原市大大小小几十所小学,展开其庞大的山西省队武术人才挑选工作。他先后从太原市几万名小学生中挑选出200余名具有较好武术发展潜力的孩子,组建成山西省武术队的小武术队员试训队。此时的山西省武术队的训练条件非常艰苦,连训练鞋都没有。没有办法,作为教练的庞林太干脆带头脱了鞋,带着孩子们光脚练习武术。时间一长,在省体工队的大院里,小武术队就有了一个名副其实的"雅号"——"光脚队"。经过两个月的试训和观察,庞林太从"光脚队"的200余名小队员中筛选出20名资质和潜力都非常不错的小队员组建起了"文化大革命"后山西省的第一支武术队。再经过一段时间的优中选优和严格测试,庞林太最终挑选出12名优秀队员留队。"建队三年后,这支小武术队果然身手不凡。1975年第三届全运会上,张玲妹、巩铁练、原鸿佑率先杀出,一举手一投足,使武林界立即刮目相看。"①庞林太率领的山西省武术队开始走向中国武术运动的顶峰。1979年第四届全运会,王冬莲、栗小平、陈凤萍、文喜太等几位运动员大放异彩,王冬莲一人包揽女子武术全能、自选拳、刀术、棍术对练等五个项目的冠军,栗小平也夺得一枚金牌,山西队共得6枚金牌3枚银牌。1983年上海第五届全运会,继栗小平预赛时一人独得6项冠军,决赛时文喜太和栗小平分别夺得男女枪术的金牌。十年艰辛,山西队终于从一支全国普通的队伍成为冠军队伍。

---

① 孙以煜:《武术家庞林太》,《沧桑》1995年第2期。

此后的 20 多年间，山西队在全运会届届有金牌，武术也成为山西省的优势项目。

张玲妹，山西省武术队发展的见证者，是山西省武术队最早的一批运动员①，但她的教练生涯比张希贵和庞林太两位名教练要晚些。1965 年参加完第二届全运会后，张玲妹再次入选国家集训队，21 岁的张玲妹正步入运动生命的黄金时期。1966 年，"文化大革命"开始，张玲妹的运动生涯被中止，暂时退役。但张玲妹坚定着对武术的执着追求，自己坚持训练，甚至 1969 年她结婚后，依然训练不辍，从而为她后来运动生涯的延续奠定了基础。1970 年，山西省武术队重新组队，"当时属连队建制，武术归二连，连长岳宁寿，武术班班长张希贵，副班长张玲妹（运动员兼教练员）"②。此时，张玲妹已经是一个孩子的母亲了，但长期训练奠定了扎实的功底，仅用了半年时间便恢复了运动竞技水平。此时的张玲妹虽然还兼运动员，但她已经开始进入教练的状态。"1972 年她奉调入京，参加亚洲乒乓球锦标赛团体操中长穗剑的编导工作。1973 年她又赴广州，在广交会上作了武术表演，受到国外武术爱好者的好评，纷纷邀请我国武术代表团出国表演。为此，张玲妹心情不能平静，感奋之余，和安徽省著名武术运动员陈道云联名给国家体委写信，建议恢复武术运动，引起国家体委的重视。果然，1973 年 12 月，张玲妹奉调入京筹备组建武术访美集训队。"③ 1974 年 6 月，张玲妹作为中国访美武术代表团教练兼运动员出访美国、墨西哥等国家和地区，这样的访问加深了中国同其他国家人民的友谊和联系，打开了当时文化交流的新局面。此后，张玲妹经常作为中国武术代表团成员兼教练员频频出访世界各国。1975 年，已经 32 岁的张玲妹参加

---

① 1958 年 10 月为迎接第一届全运会，在山西省运会的基础上，选拔组建山西省武术集训队，当时领队是翟敏彦，教练刘春芳，兼教练的有韩子先、李桂昌、赵永昌、李三元。据张日申、王斌海：《山西体工队史》，山西省体工队，1993 年，第 123 页。
② 张日申、王斌海：《山西体工队史》，山西省体工队，1993 年，第 125 页。
③ 编辑部：《张玲妹》，《山西体育文史》1989 年总第 12 期。

了第三届全运会的武术比赛,成为整个武术比赛中年龄最大的选手,而且获得了全能第三、剑术第二、枪术第三的好成绩。

在长期的训练过程中,张希贵与庞林太两位教练对中国竞技武术的发展作出了积极贡献。两位教练都曾经长时期习练过传统武术,在运动员动作编排过程中,他们积极地从传统武术中汲取营养,形成了山西武术队独特的技术风格。张希贵在担任教练的时候对运动成绩并无特别的要求,1980年以后已不再担任专业队教练的他对武术发展的技术也有着自己独到的见解:"当时也要求规范,当时也要求高难美,现在的要求是高难美新,当时甚至比现在还严格,每个动作有规范,比如每个拳要如何出等。而现在的套路比赛只是一味突出难度,就是翻跟头,这样,看到是难了,但它破坏套路的节奏了,而真正的难度是拳腿,打好一拳、踢好一腿,才是套路中追求的,而现在的套路都体操化了,武术套路的味儿都没了,变化太大了。"①

20世纪80年代,山西武术进入了一个持续发展时期。这期间,在庞林太教练的带领下,王爱珍、原文庆、田晓慧、袁新东、罗俊伟也先后退役,加入教练员队伍当中,在山西武术运动的持续辉煌中留下了他们的汗水。

王爱珍1988年退役后进入山西省武术队担任教练。"1994年,全国第一批武英级运动员之一的山西长治武术运动员王爱珍接替原主教练张玲妹,担任武术套路女队主教练。"②"1998年被誉为'武术王子'的原文庆入主山西武术套路男队担任主教练。"③田晓慧"2000年开始当教练,开始带的是小孩子,2003年开始带一线队,一直到现在"④。"2006年袁新东担任武术套路队副教练,辅助庞林太总教练进

---

① 采访张希贵,采访者田文波,2015年3月12日,地点:张希贵寓所。
② 山西省地方志办公室编:《山西省志·体育志》,中华书局,2014年,第314页。
③ 同上,第315页。
④ 采访田晓慧,采访者田文波,2015年3月6日,地点:山西省武术运动管理中心。

行教学指导工作。"①与他们基本同一时期的牛飞则去前卫体协担任教练。

教练是运动队中至关重要的一环,他们不但负责运动员的选材、训练、比赛,而且由于武术队的队员年龄较小,所以教练也部分地承担了照顾运动员生活的重任。年轻的教练罗俊伟对自己进入教练的过程回忆道:"训练期间也没有过什么大伤病,1995年改难度时,好多运动员都有了伤病,因为技术要领、训练手段还在摸索阶段,现在基本就没有这种情况发生了。我2001年拿到全运会冠军后就确定可以留队了,全运会拿到冠军可以转过来当教练。我觉得退役后先做教练,结合经验的再学习才更好,因为现在项目发展得太快,你脱产去学习,回来就跟不上了,脱节了。角色的转换也相对来说是自然而然,也没有什么光环。一开始从运动员转到教练员还是有不适应的,教练员需要的素质就高出了很多啊,适应了两三年,我上了研究生才有了更深的体会。"②由此,尽管运动员长期在运动队伍中生活、训练,但真正走上教练岗位成为一名合格的教练还需要比较长的适应过程。

庞林太教练1961年23岁时退役担任武术队教练,一直到2008年还担任山西省武术队总教练,时间跨度长达47年。与他同时代的马贤达(陕西省武术队教练)、吴彬(北京市武术队教练)等著名教练早已退出一线训练,庞林太却一直坚持着。在长期的训练过程中,庞林太在武术运动队的选拔、训练、比赛过程中形成了自己独到的经验。在训练动作编排上,庞林太坚持吸取传统武术动作的精华,他训练的运动员动作中有着深深的查拳风格。传统武术辅之以现代编排,既给传统武术的传承找到了一条出路,也为现代竞技武术加上了传统文化的烙印。

庞林太在带领山西省武术队走向巅峰的过程中,最重要的是能够

---

① 山西省地方志办公室编:《山西省志·体育志》,中华书局,2014年,第315页。
② 采访罗俊伟,采访者田文波,2015年3月6日,地点:山西省武术运动管理中心。

发掘人才。只要他看中的苗子,即使跑到天涯海角,他也要找回来。"武术王子原文庆就是这样。这位天资聪明、灵秀的平民子弟,9岁开始习武,10岁被长治体校吸收为正式学员。1977年11岁的原文庆到省城参加全省少年武术汇演,恰遇庞林太前来选材。原文庆当时虽瘦小单薄,但两眼有神,拘谨中透出股灵动之气,庞林太慧眼识珠,他认定,这个小男孩是一块可雕琢的材料,于是,这个不起眼的小队员被留了下来。庞林太根据原文庆的特点,编了一套查拳味较浓的自选长拳,作为他攀登最高领奖台的阶梯。六运会上,原文庆以其咄咄逼人的气势直向赵长军发起挑战。他上场后一路风驰电掣,潇洒自如,独特的风格、新颖的编排、规范的动作,使观众大哗。这是此届全运会武术赛场出现的最为精彩的一幕,叫好声和欢呼声使比赛进入高潮。果然,一路劲健威武的拳脚下来,裁判们同时亮出了比赛的最高裁决,他独得拳术和枪术两枚金牌,战胜了赵长军而步入王者圣坛。1990年北京第11届亚运会,中国武术第一次登上洲际大赛。庞林太受命担任国家集训队总教练。9个月的封闭训练,他倾注了全部的精力和心血,妥善地协调南北不同风格的套路训练,使中国武术队在本届亚运会上齐心协力、力挫群雄,一举夺得大赛的全部金牌。原文庆以显著的优势成为第一位亚运会男子武术全能冠军,实现了"武术王子"的梦想。庞林太不但在武术套路领域成绩卓然,而且在武术散打领域也取得了十分辉煌的成绩,培养出了刘玉福、汪波、郭曾、徐存科等一批全国冠军。

　　武术教练员的成功,绝不能简单依靠经验的累积,还要科学地掌握新的训练理念,完整实现科学与训练的有机结合,才有可能在竞技水平越来越高的比赛中取得成功。庞林太教练生涯的成功与他很好地把握科学训练有着极为密切的关系。可以说,1972年他从乡下回来的那一天起,他就开始了这种准备。从2万余名"原始材料"的选择,到20名小武术队员的确定;从18位全国冠军的产生到"武术王子"原文庆的出现,庞林太精心积累和总结了一整套系统科学的训练方法,并将这些训练方法提升到理论高度。

庞林太的科学训练理论，为中华武术多出人才、早出人才、推出尖端人才，提供了一个行之有效的科学依据和宝贵经验。多年的武术教学实践中，庞林太勤于思考，潜心研究，不仅以敏捷的思维总结出了独到的培养高水平运动员的方法和理论，而且在学术方面也独树一帜，在训练间隙，研究和探讨各拳种在学术方面的价值。从1989年开始，庞林太根据多年的挖掘、整理、研究积累下的素材，先后写出了《飞虎拳》《腿拳》两部专著，并主持编写了《长拳竞赛套路》《全国武术训练教材》《刀、剑、枪、棍三级套路》《中国武术精华》等著作。在著书立说之余，庞林太还写出了《武术套路技术训练初探》《查拳之风格特点》《析原文庆的成材之路》等论文。教学与理论方面的杰出贡献，使庞林太成为一名学者型的教练，成为在国内外有一定影响的武术家。

庞林太在其教练生涯中也遇到过失败。"谁说我没有失败？"庞林太反对将"无败论"封在他的头上，"这不可能，也不科学，现在竞争的激烈常常达到残酷的地步，谁能保险不出一点儿闪失呢？关键是看能不能以小的失败，来换取大的成功。"①只是庞林太在失败之后能够更快地总结经验，很快地再次登上巅峰。

庞林太的运动生涯是短暂的，但他的教练生涯却最终坚持了近半个世纪，成为中国武术教练员群体的优秀代表。从一个运动员成长为优秀的教练员并不是一件简单的事，庞林太用他的成功告诉我们，坚持学习、坚持思考是他教练生涯的最佳总结。

与山西武术运动员一样，国内其他省市也有许多优秀运动员成为优秀教练的例子。王二平曾经是世界冠军和全运会冠军，被称为"太极王子"，退役后先后担任广东省武术队总教练、中国国家武术队总教练。通过对其他文化的涉猎，王二平突破了传统与现代、地域区隔等限制，在实际教学进程中变通创新，形成了具有独特风格的教练思路，

---

① 李春耕：《功夫在"神奇"之外——与省武术队总教练庞林太零距离接触》，《山西日报》2005年12月21日。

为国家培养了大批武术人才。

运动员退役以后从事教练工作在体育界十分常见。由于运动员掌握了所从事运动项目的高超技巧，对运动项目的发展也有着比较深入的了解，所以，运动员退役后从事教练工作往往上手快，能够抓住运动队的本质问题。山西省武术队运动员退役后的教练生涯由于队伍的持续辉煌而比较成功，这成为山西省武术运动员退役后重要的职业选择。

运动员退役成为教练员，其生活秩序的重建场所依然是在运动队，但是他们已不再是运动员，随着社会身份发生转变，也同样面临生活秩序的重建问题。只是，由于工作环境和工作内容都与其以往的职业具有相同或相通之处，他们的生活秩序重建的难度相较于从事其他职业的退役运动员更为容易：工作环境没有大的改变，作息时间也与当运动员时相差不大，时间管理上更容易适应；生活保障上，教练们依然拥有国家提供的较多的生活保障；职业生活的内容虽因身份变化而有所改变，但主要内容依然是训练与比赛；思想政治教育方面则由以往的受教育者变为教育的实施者；教练们为国争光的价值追求不再是以往的通过个人努力来获得成功，而更多地需要运动队伍的团体努力并借助于运动员的个人努力来实现自己职业生涯的成功。由此，教练员就成为许多运动员退役时较为理想的职业选择，他们通过这种职业选择比较顺利地建构起自己的退役生活秩序。

二、社会武术推广者：走向更广阔的视野

竞技武术是武术运动的高端展示，但并非武术运动的全部，社会武术也是武术运动发展的重要方面。进入20世纪90年代，国家为了达到增强人民体质这一社会发展目标，在全社会范围内推行全民健身运动。为了响应国家的号召，发挥自己的运动专长，许多武术运动员退役后投入全民健身运动中，致力于社会武术的推广，成为武术运动

的基层开拓者。

张希贵作为山西队早期的运动员和教练员,从20世纪80年代开始致力于社会武术推广工作,他所组织的山西省形意拳协会发展成为全国有影响的社会武术组织。1981年,张希贵临时到山西省体委负责全省武术挖掘整理工作和群众性的武术发展工作。1982年到1986年,张希贵在没有经费支持的情况下,在太原市各城区的场(馆)、公园等地组织免费业余武术培训班,并集中全市各门各派的武术教师、教练数十人,先后免费培训学员数万人次。同时,张希贵还组织了硬气功培训队,吸收全省知名的硬气功爱好者参加,如平遥的郝氏兄弟,太原的刘虎群、杨峰喜、范国昌等,他们在1980年举行的全国硬气功表演赛中获得好评。同时,他还组织了山西省武术协会、武术散手队进行集训,集训队涌现出一批优秀散手选手。张希贵还断续从事一些竞技武术的活动,他回忆道:"离开体工队以后,到了体委,当时想让我筹建武术馆,但由于种种原因没有建起来,就在1982年组建了武术协会,开始搞群众体育,后来正赶上武术电影《少林寺》的热播,搞了很多武术培训班,组建了气功队、散打队。我1981年去体委后就组建,当时不让我搞套路,所以就开始搞散打,找了七个武术运动员,1982年开始训练,到1984年队伍解散。散打队还有个小插曲,当时我们集训散打队,有了成效,庞林太也组建了散打队,在牛耕田①亲自观战下两支队伍在体育馆进行了一场比赛,互有胜负,最终决定两支队伍各出三名队员,代表省里去参加比赛。但最终由于种种原因,庞林太散打队的队员去参赛了,我的散打队解散了。后来,我从1986年开始搞散打比赛,于1988年举办全省第一届散打比赛,一直到现在。也就是,1986年开始带队比赛,1988年开始组织比赛。"②从此,张希贵投身社会武术推广的广阔天地,并取得了丰硕的成果。

---

① 牛耕田,时任山西省体工大队大队长,后历任山西省体育局综合处处长、群体处处长。
② 采访张希贵,采访者田文波,2015年3月12日,地点:张希贵寓所。

张希贵在散打队解散以后,主要从事两项工作,一项是参加1983年开始的武术挖整活动,一项是组织山西省形意拳协会,两项工作都取得了很大成绩。在全国武术挖整活动中,张希贵是山西武术挖整组成员之一(见图14)。他与挖整组的其他同志一道走访了数百名武术名家和基层老拳师。他们经过3年时间共挖掘整理出山西省65个拳种,上千个武术套路,制作出"山西武术"录像25个小时,挽救了一批濒于失传的拳种和套路。张希贵与王立远、张耀伦等人共同编写出60余万字的《山西武术拳械录》。1986年,北京召开了全国武术挖掘整理工作总结评比表彰大会,山西省被评为全国先进集体,张希贵也被评为全国武术挖掘整理工作先进个人。

图14　1985年山西省武术挖整工作会议全体与会者合影

对于形意拳协会,张希贵有着深厚的感情:"在做武术协会的同时,我意识到山西的地方拳种是形意拳,练习的人也很多,我认识的大部分拳师也都是练形意拳的,所以就萌生组建形意拳研究会的念头,研究形意拳的渊流、发展、技术等。1981年形意拳协会组建,当时我是武术协会副主席兼秘书长,征得王(立远)主任同意后,组织形意拳名家开会,拟了章程,经体委同意,协会成立起来了。在选会长时,我本无意当会长,当时有几个候选人,大家都没通过,都选我,因为我是体委的人,一干会长就是几十年。"①

有意思的是,张希贵开始是练长拳的,并非练形意拳的,他回忆道:"我一开始是练长拳,我去体工队是长拳选拔进的,小时候是跟太原一个郝如师傅练少林拳。到体工队以后,李桂昌、李三元都是练形意拳的,我当时 20 多岁,这些师傅们 40 多岁,我除了练自己的拳外,所以就和这些老师学。宋家、车家都学,谁家的好学谁家,他们也不保守,反而学得更多些。我编的套路既有宋家的也有车家的,他们看了有自己家的就行。这样都没意见,也易于推广。所以这个套路在山西比赛推广得很好。最后在 1995 年国家也搞了国家规定套路,也以我这套为主。现在有一个世界武术锦标赛要把形意拳纳进去,也用这个套路。现在加入了形意拳、八卦拳、大刀和双剑四项。所以刘定一去突尼斯去教形意拳,段位也是我和刘定一编的段位套路。形意拳易于大众推广、在国外推广。"②

退役后的张希贵无论是作为教练还是作为民间武术的推广者,都取得了巨大的成功。山西省形意拳协会更是为形意拳的推广作出了巨大的贡献。随着中国武术段位制在世界范围内的推行,张希贵和他创建的山西省形意拳协会在武术的国际化推广中将发挥更大的作用,使中国武术能够更好地传播到世界各地。

张希贵的社会武术传播模式主要是通过山西省形意拳协会这一社会武术组织来进行,孟耿成则选择了武术馆校这条道路。孟耿成1982 年退役,回到新东武术队③担任总教练。孟耿成担任总教练后,在大专院校开展了大量的培训工作,为山西省社会武术的开展作出了巨大的贡献。孟玉清去世后,孟耿成成为新东武术学校的校长,一直

---

① 采访张希贵,采访者田文波,2015 年 3 月 12 日,地点:张希贵寓所。
② 同上。
③ 新东武术队是由孟玉清(孟耿成是孟玉清的四子)和他的四个儿子于 1975 年在太原市建立的一支民间武术队伍,是山西省最早的民间武术培训机构。1987 年新东武术馆成立,随后成立新东武术学校,这为太原市以及山西省的武术推广事业作出了很大贡献。

致力新东武术馆和新东武术学校的建设。

2003年9月,刚刚获得管理学硕士学位的原文庆,辞掉在福建一家武校的高薪工作,回到山西筹办自己的武术学校,并把它取名为"原文庆武术希望学校"。"与那些以营利为目的的武校不同的是,原文庆办的这所武校主要招收那些乡村家庭极度贫困、接受希望工程资助的孩子入学,并从中选拔一批武术苗子精心培养。"①原文庆为了办好这所希望学校,不惜将自己多年积蓄的200多万元全部投入其中,全身心投身山西武术后备人才的培养事业。但是由于市场变化、社会文化事业的复杂等多种原因,他倾注了无限心血的"原文庆武术希望学校"由于面临资金严重短缺,最终于2010年不得不遗憾地走向了终结。对于原文庆而言,这是一次失败的尝试,但他对武术社会推广所付出的努力值得我们肯定与尊敬。

福建武术运动员高佳敏在退役后主要从事太极拳的传播工作,先后拍摄了《太极剑》《24式太极拳》《太极气功八法》等技术演示,并进行了大量太极拳、太极剑的示范动作,通过专业绘制挂图,成为国内外太极传播的重要示范教材。

武术运动员退役后从事社会武术推广与他们曾经的运动生涯有着比较紧密的联系。他们所具备的技术优势,以及他们曾经取得过的运动成绩,使他们在社会习武人群中有着更为直接的说服力,对社会武术的推广产生了积极作用。张希贵从事社会武术推广能够取得很大成绩,成为山西省内有很大影响的武术家,与他曾经的山西省武术运动员和武术队主教练的经历是分不开的。其他社会武术推广者未能取得很大成就很重要的一部分原因就在于他们的武术运动生涯相对平淡,未能在社会中产生较大的反响,从而影响到他们推广社会武术的成果,但在一定程度上也促进了社会武术的发展。社会武术的蓬勃开展为竞技武术提供了坚实的人才储备,推动了竞技武术水平的提

---

① 李永平:《原文庆:痴痴奥运情》,《山西日报》2004年7月26日。

升。所以，武术运动员退役后从事社会武术推广工作既发挥了他们的技术特长，成功地建构起自己的生活秩序，也为武术运动的发展夯实了社会根基。

三、教师：武术技术与文化的传授者

武术作为中国固有的传统体育项目，是中华先民们身体文化的总结，对民族文化的传承与发展具有重要的意义。武术运动员本身就是传统体育文化的承载者和传播者，退役后，许多武术运动员进入学校，成为体校或者高等院校的教师。一方面，他们承担着普通学生的武术推广和教学任务；另一方面，他们也承担着体育院校武术技术和武术文化的传承。由此，这些运动员退役后担任武术教师对于中国武术发展就具有非常重要的作用。

贾慧卿1978年告别赛场后调入山西省体校武术队任教练。1984年，她又考入山西大学体育系学习，1987年毕业后回到山西省体校，一直从事基层武术教学工作，为山西省武术队培养后备人才。1982年，巩铁练考入了山西大学体育系学习，1984年毕业后，巩铁练到山西省体校任武术教练，成为基层的武术教学工作者。贾慧卿、巩铁练既是山西省体校的武术队教练，但同时，他们的身份本身就是教师，由于体校运动队的半专业性质，他们的教练工作与山西省武术队的教练有着相当大的不同。

与上面两位不同的是，韩丽云和康任侠则是纯粹的大学武术教师，她们两人的退役生活基本上就是她们的教师生涯。韩丽云和康任侠通过自己的努力，在大学的一方天地中为中华武术在高校学子中的普及和推广作出了自己的贡献。

韩丽云的退役生活很简单，1991年，"经教练庞林太和张玲妹教练的支持和自己的努力，我（韩丽云）考上了上海体育学院，成为了上海体院的一分子，开始了我的学习生活。进入体院后的学习，是相对自由的,有些像体工队的形式,上课之外,就是训练,但是却不同于体工队,那时将学习到的理论知识可以用到训练中,通过理论的学习,对训练有很大的指导作用。在就读期间也多次代表学校参加全国武术比赛,并取得了令自己满意的成绩,为学校争得了荣誉。4 年的大学生活结束后,1995 年毕业留校任教,曾担任过学院武术女队教练,后承担专项班的教学工作,同时还承担学院留学生的武术教学工作。在外事教学的过程中,学生多次参加本国的全国比赛,并获得好的名次。本人擅长形意拳及刀加鞭,长拳(刀、枪、剑、棍)类项目。2006 年全国传统拳比赛中所带学生获得 1—4 名的好成绩。2007 年全国体育院校比赛中获得团体第一、集体项目第一,及个人全能第一和多项前三名的好成绩"[1]。从一个优秀运动员成长为一名优秀教师,韩丽云走过了一段简单但是并不平凡的退役之路。

康任侠的退役生活跟韩丽云十分相似。康任侠说:"我于 1999 年 9 月正式成为上海体育学院武术系的特招生,从那时起开始了我的大学生活。在上海体育学院的四年,我除了正常的上课,还一直在校队坚持训练,并参加了 2000 年郑州全国武术女子套路锦标赛,取得了太极拳第六名;同年在福建'华兴杯'全国武术套路冠军赛中取得了太极拳第五名;我还代表学校参加了上海市高校的太极拳、太极剑比赛,获得成年女子组 42 式太极拳、太极剑第一名。2001 年 12 月,我通过在校的裁判学习后,经上海体育学院审批授予我武术套路一级裁判员资格。2003 年 7 月,我完成了在大学里的全部本科课程,顺利地毕业了。在大四最后一个假期里,我向当时的华北工学院体育系(现中北大学体育与艺术学院)递交了一份个人简历,之后我就接到了同意到学校参加考试和面试的通知,应聘结束后我回到上海体院等消息,在毕业前我接到了签约通知,我正式被当时的华北工学院体育系录用了。2003 年 9 月 1 日正式上班,我的工作主要是负责公共体育课里的武术

---

[1] 据韩丽云为本研究提供:《韩丽云自述》,2015 年 2 月 18 日。

教学内容。2004年9月至2005年7月，我参加了北京体育大学的在职硕士学位班的学习；之后又考上了山西大学体育学院体育学学位硕士。2009年7月，经中北大学教师中级职称评审委员会审批通过，我获得任职讲师的资格。在工作之余我还参加了山西省武术院、山西省形意拳协会和太原市武术协会的比赛裁判工作。2003年10月，我参与了国家体育总局健身气功管理中心的'健身气功·五禽戏'新功法编创和教学拍摄工作。2004年4月和2007年4月，我分别代表山西省参加了第二届、第三届全国亿万妇女健身活动展示大赛，并取得了两次比赛的太极拳四十二式和二十四式的第一名。我还获得了山西省妇女联合会授予'三八红旗手'称号、太原市全民健身委员会记特等功、山西省劳动竞赛委员会记一等功，及山西省妇联、山西省体育局联合授予先进个人荣誉称号。2005年8月，我作为火炬手参加十运会在山西举行的火炬传递仪式。2009年7月，我代表中国参加了第三届国际健身气功交流比赛大会，获得八段锦第一名。通过参加全国武术套路国家级裁判员培训学习班，2009年12月，经国家体育总局审批授予我武术套路国家级裁判员资格。2010年5月，我代表山西省参加了第四届全国体育大会，获得健身气功竞赛套路五禽戏一等奖，同时被山西省体育局授予一等功。"① 康任侠还作为中国健身气功代表团的成员分别赴英国、毛里求斯、葡萄牙、西班牙和新加坡等国家进行健身气功教学推广宣传活动，并于2011年12月被国家体育总局健身气功管理中心授予"2011年健身气功对外教学贡献奖"。② 与她的竞技生涯相比，康任侠退役后成为优秀的武术教师，为武术和健身气功的社会推广做了很多有意义的工作。

与山西省武术运动员类似，许多其他省市的一些武术运动员退役后也进入高校，成为高校武术文化的传播者和武术技术的传承者。上

---

① 据康任侠为本研究提供：《康任侠自述》，2014年9月21日。
② 同上。

海武术队的世界冠军和全运会枪剑冠军韦剑在退役后成为复旦大学体育教学部的教师;河南省武术散打运动员苏健蛟退役后进入沈阳体育学院学习,毕业后进入山西师范大学任教,现在韩国龙仁大学从事博士后研究,并兼任龙仁大学教师;湖北武术队队员王攀退役后进入武汉体育学院学习,毕业后在三峡大学担任武术教师;河南省武术运动员姜廷波退役后进入成都体育学院学习,毕业后进入太原科技大学担任武术教师。

由上可知,武术运动员退役后成为武术教师大都借助于国家提供的进入高校深造的机会,实现了他们提升自身素质的愿望。由此,武术运动员退役成为武术教师既是运动员们主观努力的结果,也与国家为他们提供的支持紧密相关。这些运动员退役时的职业理想通过自我的努力和国家支持得以实现,从而建构起收入稳定、生活安逸、比较理想的生活秩序。而且,武术运动员退役以后成为武术教师,成为武术文化和技术的双重传播者,通过他们的努力,一批批新的武术工作者进入社会,成为武术社会发展重要的人才来源。随着高校高水平运动员培养工作的展开,部分技术高超的学生成为专业运动员,为国家竞技武术运动的发展提供了不少后备人才,从而推动了竞技武术运动的发展。

四、影视明星:武术运动员的新梦想

1982年电影《少林寺》的上映,对武术运动在世界范围内的开展起到了推波助澜的作用,功夫电影的热播也为武术运动员们树立起了功夫明星的梦想。此后,大量的武术影视作品出现,许多武术运动员在退役后也投身其中,将实现自己的功夫明星梦想作为人生事业的努力方向。

庞林太在任教练期间曾经业余参加过影视剧拍摄。1985年,庞林太在《天国恩仇》中任主演之一,饰演太平天国总制"天国猴王"高德昆。在这部影片中,他以精湛的武功、自然的演技令人折服,特别是他的绝技"猴抖肩"运起功来浑身骨节叭叭作响,更是让人叫绝。

孟耿成1982年退役后,多次参加影视剧拍摄,先后参拍过《云岗游侠》《三上五台山》《杨家将》《南北少林》《水浒外传》《凤冠奇案》《狄仁杰断案传奇》《水浒传》等电影、电视剧。在他的指导下,新东武术馆的许多学员也参加了功夫类影视剧或影视片的拍摄工作。文喜太退役后在积极从事武术事业的同时,1985年参加了电影《黑匣喋血记》的拍摄工作,在影片中饰演男主人公金彪,文喜太通过自己精湛的武术技艺将武术完全融入电影,通过电影传播了中国传统武术文化,并得到广大观众很高的评价,《黑匣喋血记》上映后曾获得最佳卖座奖。

1993年11月,原文庆在震耳欲聋的呐喊声中代表我国夺得世界武术锦标赛的冠军。当他登上这次世界武坛的最高领奖台时,原文庆宣布了自己的退役决定。原文庆"带着满身的光环走进一家公司开始从事自己选择的影视之路。他不以一丝一毫的荣耀自居,每天坚持抽时间读书习武,从博大精深的古文化中寻找武术的真谛"[①]。武术为原文庆带来了传奇般的辉煌人生,也为他打开了进入武打影视圈的大门。很多影视公司和影视集团向原文庆伸出橄榄枝,邀请他参与多部武打影视剧的拍摄,成为武打影视明星成了退役后27岁的武术王子原文庆新的生活目标。曾经高超的武术竞技水平,也使原文庆具有了超人的武术表演实力,武打片的影视导演们也非常看好原文庆的发展潜力,似乎原文庆很快就能在武打影视明星之路上大展宏图了,然而事实并不是如此。1994年,为备战广岛亚运会武术比赛,刚刚退役不久的原文庆再次成为国家队的重点考虑人选,国家体委决定重新召唤原文庆归队集训后,原文庆的影视之路被迫中断。在为国家夺得广岛亚运会武术比赛的金牌后,原文庆没有向国家提任何条件,无怨无悔地再次匆匆退役,独自去新加坡广播电视局续接他对影视表演的

---

① 李春耕:《三晋好儿郎 武坛长青树:武术王子原文庆出山记》,《今日山西》1997年第6期。

追求。

武术运动员的生涯锻炼了原文庆吃苦耐劳的意志品格,使他在武打影视拍摄中也坚持认真仔细的态度。原文庆坚持自己的做事原则:无论干什么,要么不干,要干就要当最好的。当他接到 20 集电视连续剧《塞外奇侠》的主角卓一航的饰演工作时,原文庆不服输的武人性格再次体现在他的新工作中。原文庆全身心投入到对剧本的研究琢磨中,仔细研究所要饰演角色的性格特点,反复与导演进行沟通,认真设计自己的武打动作,细致表演角色的情感生活,对于表演拍摄中任何的不足都丝毫不迁就。拍摄时,原文庆注意力高度集中,把对人物和武术的理解都按照剧情的要求发挥得淋漓尽致。拍摄天山冰峰守候花开并被寒冰封冻住身体这场戏时,剧组为了保证拍摄和效果需要到真实的天山冰峰上进行实景拍摄,"原文庆双手搏在冰雪之中几乎冷却成冰块,但卓一航内在的决心和英雄气概在他的身上却得到了完美的体现"①。《塞外奇侠》的拍摄使原文庆认识到"干武行真是把生命置之度外",也充分体验了影视武行演员跌打摔滚、伤筋断骨的艰辛的常态生活。

影视剧《塞外奇侠》在各大电视台公演,使得饰演卓一航的原文庆在影视界一炮走红,并获得影视圈内外很高的评价。紧接着,他又在中国台湾、中国香港合拍的《街头勇士》中饰演了主角阿金,在电视剧《侠骨丹心》中饰演宇文雄,在《功夫之王》中扮演劈挂门大师兄陈磊。这些影视作品使原文庆成为 1995 年的"十大武星"之一。1996 年,山西省体委备战全国八运会,但是此时的山西省武术队正值人才乏力、青黄不接的时期,老队员都已经先后退役,而年轻队员尚不具备夺冠的实力,山西省武术队需要有能力夺冠的原文庆再次回归。于是,山西省体委领导在 1996 年 5 月份找到当时正在家休假的原文庆,希望其能为山西武术再立新功。原文庆为了回报培养自己成长的山西体

---

① 张云龙:《武影双星原文庆》,《中华武术》1996 年第 12 期。

育,毅然再次停止自己的影视事业,义无反顾地选择了投入省队集训,备战全国八运会武术比赛。他说:"不管从哪个角度出发,我都必须回来参加比赛,没得选择。"①

1997年八运会夺冠后原文庆第三次退役,这也是他运动员生涯的真正终结。随即,再次退役的原文庆就不断接到来自香港各大电影公司的拍片邀约,有些公司甚至明确希望原文庆能够与他们影视公司长期合作,以便公司最终把他打造成为第二个李连杰。此时的好友与家人也一致赞同他投身影视圈,好好发展。但是出于对武术运动的不舍,原文庆却没有再次踏入影视圈,而是成为教练和社会武术推广者。

袁晓超在运动员时期签约华谊兄弟传媒股份有限公司,在2012年华谊功夫片巨作《太极1:从零开始》中担当出演杨露禅,成为新一代的影视明星。袁晓超为了参加影视剧拍摄,甚至放弃了运动生涯而直接退役。

与教练和社会武术推广者只需要具备较高的武术技能不同,武术影视演员除了要具备较高的武术技能,还要具备良好的形象和精湛的表演技巧,而这些并非每个运动员都能具备。而且,山西地处中部,与东部发达地区相比经济条件和信息条件都相对落后,这限制了运动员的演艺生涯。所以,山西省武术运动员退役后尽管有许多人先后从事影视行业,但与曾经的北京武术队队员李连杰、吴京相比,山西武术运动员的影视演员之路显然就要普通一些。李连杰作为新中国成立以后最早尝试影视演员职业的武术运动员,自1982年《少林寺》饰演觉远和尚至今,通过饰演方世玉、黄飞鸿等各种功夫形象,已经成为华人世界的武术巨星,被称为"功夫皇帝"。高佳敏退役后曾在大陆、香港合拍的影片《木棉袈裟》中担任主要角色。吴京1994年夺得全国武术比赛枪剑冠军后进入影视行业,通过参加《新少林寺》等影视剧的拍摄,成为新一代的功夫明星。

---

① 赵品如:《小记原文庆》,《搏击》2009年第7期。

武术影视作品的大量拍摄,为武术运动员退役生活提供了一种新的职业选择,也使武术运动员有了更好的展示自己技术的平台,使武术传播的方式更加丰富多样。武术运动员退役以后参与其中,通过自己的运动技能与社会发展相结合,迅速建构起新的生活秩序,而且借助自己的功夫表演和影视剧的公开上映,不仅在视觉传媒领域传播了武术文化,也间接推动了武术文化的社会化传播,为中国武术文化的传承与发展继续作出自己的贡献。

五、行政管理:体育事业的管理者

运动员退役后,有一部分进入行政管理领域,成为体育事业的管理者。他们从宏观层面对体育事业进行管理,为体育事业的发展而工作。

庞林太在长期的教练生涯中,曾经长时期担任过行政职务,先后担任过山西省体工大队副大队长、山西省武术院院长,在山西省武术事业的管理领域贡献自己的力量。

武元梅1981年调到山西省体工队训练科工作,成为一名体育事业管理领域的行政人员。[1]

在李莉的记忆中,她退役后"就去北京体育学院上学了,教练进修班,两年读完后在山西又读了专升本,北京体育学院的函授。回来以后第一年就搞了行政,虽然没在队里面当教练,但是1999年到2000年在菲律宾,2001年在韩国都带过当地的国家队。去菲律宾是省里派出去的,韩国算自己找的工作"[2]。回国后的李莉进入山西省武术院,从事行政管理工作,现在担任山西省武术运动管理中心副主任。

---

[1] 编辑部:《武元梅》,《山西体育文史》1989年总第12辑。
[2] 采访李莉,采访者田文波,2015年3月8日,地点:山西省武术运动管理中心。

张军平退役后也走上了行政管理工作岗位。他回忆道："1990年我退役后就分到队里当助理教练,当了一两年领队后大概是1995年转成体工队的行政工作,在项目办公室,体育馆和体工队合并后,武术队就去了体育馆,归那边管理。"张军平因从事武术裁判工作,按照国家规定不能在山西省武术运动管理中心任职,现在担任山西省体育博物馆副馆长。①

刘建平退役后,于2005年回到省体委机关后勤管理中心,负责安全保卫工作,担任山西省体育局机关后勤管理中心副主任。孙孝国退役后从事行政工作,现担任山西省游泳运动管理中心副主任。刘建平和孙孝国虽都已不再从事武术工作,但他们依然是体育工作战线的一员。

与山西省武术运动员们的生活相似,其他省份许多优秀的武术运动员在退役以后也进入管理机构。张玉萍从山东武术队退役后,进入北京体育学院学习,毕业后进入国家武术研究院,曾任社会部主任,现任国家体育总局武术运动管理中心副主任。

体育事业是我国社会发展的重要组成部分,作为体育事业的决策者和指导者,体育行政管理人员的素质直接关系我国体育事业的发展。同时,体育行政管理工作具有很强的专业性,运动员具有运动专长,长期的运动生涯使他们对运动队的管理、运动训练甚至于体育事业的发展方向都有自己深刻的认知,退役后从事行政管理工作可以充分发挥他们的上述优势,缩短工作的适应期,尽快融入工作,在工作中取得成绩。而且,由于退役运动员具有切身的体验,属于体育事业的"内行",他们参与体育事业的管理可以相对准确地把握体育运动的发展脉络,对于体育事业的健康发展有着重要意义。由于体育行政管理部门对高素质人才的需求和退役运动员们自身的优势,体育行政管理工作就成为运动员退役后的重要职业发展方向。从运动员到体育行

---

① 采访张军平,采访者田文波,2015年3月9日,地点:山西省武术运动管理中心。

政管理人员,退役运动员没有离开他们熟悉的运动领域,并通过管理工作的实践继续发挥他们的运动职业优势,促使退役运动员们能够顺利建构自己的生活秩序,并使退役运动员的生活秩序与国家体育事业的发展形成了双赢的发展逻辑。

六、武警与公安:人民的忠诚卫士

武术运动员退役以后,有相当一部分人进入武装警察部队,成为一名军人,成为武装警察部队的作战训练者。刘建平1984年退役后,就到山西省武警总队担任教官,直到十年后才再次退役回到山西省体育局机关。郭曾是山西省武术散打队的首批队员。1982年6月,山西省体工队为了适应国内外武术竞技运动的发展趋势,积极响应国家体委对武术运动发展提出的新要求,经山西省体委研究同意,决定成立山西省武术散打队。散打队建队之初,通过广泛选材,招收了一批优秀的年轻队员。经过武术班散手集训队的精细培养,涌现出一批非常优秀的武术散打运动员,如刘玉福、王波、关恩普、郭曾、郭俊培等[1]。当时散打队的教练为庞林太、郭六登。根据国家体委1982年推出的《全国武术散手规则》,运动员参加比赛按体重分级参赛。经过紧张的准备和高强度的技术训练,山西省武术散打队的运动员参加了1983年6月在江西南昌市举行的全国武术散手表演赛。在这次比赛中,山西队大爆冷门,经过参赛队员的奋力拼搏,狂扫了5个级别的冠军,其中就包括郭曾的70公斤级冠军。[2]

运动员退役后的郭曾,1984年10月被选调到山西省武警总队,任政治部宣传处副连职干事。到了武警部队的郭曾并没有放下自己喜爱的武术散打,1985年,他代表山西武警参加全国武警散打比

---

[1] 张日申、王斌海:《山西体工队史》,山西省体工队,1993年,第129页。
[2] 同上。

赛,并荣获70公斤级冠军,荣立二等功1次。1986年,全国公安武术散打比赛,郭曾荣获第三名,并受到了山西省公安厅的嘉奖。1987年12月,郭曾带着全国散打冠军、二等功的荣誉从武警部队转业到太原市公安局工作,从优秀的散打运动员最终成为一名优秀的公安民警。

人民警察的工作是光荣的,也是清贫的。郭曾从转业到公安战线那天开始,就放下了以往的荣誉和光环,谦逊好学,尽快适应自己的新工作,努力当一名合格的人民警察。在工作中郭曾总是以工作为重,从来没有因为个人或自己的家庭困难而影响工作。郭曾的妻子刚生完孩子不久,太原市公安局安排郭曾负责对防暴队新招收的防暴队员进行集训,郭曾就离开需要照顾的妻子和刚刚出生不久的孩子,全身心地投入对防暴队新队员长达四个月的离家集训工作中,他在这次集训中始终坚守工作岗位,没有因为个人的家庭原因而离开集训队一天。[1]

长期的运动员生涯对郭曾的生活产生了深远的影响,作为曾经的全国散打冠军,郭曾不仅有着不凡的身手,而且防暴技术水平高超,对于防暴队集训队员的技术训练要求非常严格。每一次技术训练,郭曾都在训练前认真制定出详细具体的训练方案,精心组织每一堂技术训练课,并凭借自己多年来的武术功底和散打知识,努力优化防暴技术培训内容,形成了简捷实用、易于被受训队员掌握的技术训练体系。集训过程中,"起初队员们都有些怕他,可4个月的吃、住、训练摸爬滚打在一起,队员们从点点滴滴的小事中看到了他严肃面孔后那颗火热的心,畏惧感消除了,都视他为好兄长"[2]。他不仅传授给队员们业务本领,也通过言传身教影响队员们的道德品格。在防暴支队工作时,郭曾时常驾驶摩托车穿梭在省城的大街小巷,年复一年,风雨无阻地

---

[1] 李刚:《郭曾:平凡中显英雄本色》,《人民公安报》2009年7月23日。
[2] 同上。

认真进行着治安巡查。就在他牺牲前不久的一天,天降大雨,同事们希望郭曾能在办公室休息一天,不要去街上巡查了,但是他说:"中队的队员们肯定坚守在岗位上,我们应做出表率,坐在家里不合适。"说完,便和同志们驾驶摩托车在风雨中进行治安巡查。①

透过平淡的退役生活,我们看到的是郭曾对工作的付出,曾经的武术运动员生涯给他提供了职业的支持,使他在工作岗位上能够突出自己的特长,并将其发挥出来,为国家和人民生命财产的安全提供保障。1995年7月,在"6·29抢劫运钞案"中,冲在最前面的郭曾不幸头部中弹,英勇牺牲。

北京武术运动员杜振高与李连杰师出同门,都是著名教练吴彬的弟子。杜振高在退役后成为赫赫有名的特警教练,曾先后担任中国武警特警学院搏击教官、教研室主任,从事特警搏击教学18年,为国家培养特战人才3000多人。为了自己喜爱的搏击教学工作,为了给国家培养更多的特战队员,杜振高甘于清贫,多次拒绝了影视公司的邀请,放弃了获得较高经济收入的机会,坚持做一名特警教练。杜振高在教师座谈会上曾经对自己人生道路的选择进行过富有感情的叙述:"武学博大精深,搏击技术变幻莫测,能探研出'举一反三'、一击成功的特战搏击教学体系,永远搏击是我这辈子惟一的愿望。"②

武术运动员尤其由于其所习练的武术本身就有着格斗元素,因此在其退役后进入武装警察和公安系统工作有其适合的一面,但一定要有正确的思想指导,否则一旦滑入犯罪的深渊则会对社会呈现出更大的伤害。这方面的教训也比较深刻。

以上的几种是武术运动员退役后比较典型的生活样态,作为一个群体而言,武术运动员的退役生活也十分多样。在所有调查的山西省武术运动员中,文喜太从事私企工作,退役后郑文华和李天媛都在国

---

① 徐伟:《郭曾:迎着子弹冲向前》,《法制日报》2009年7月27日。
② 吴杰:《我的愿望:永远搏击——记中国武警特警学院搏击教研室主任杜振高》,《新华每日电讯》2003年7月5日。

外,胡增平和李冬凤则通过打工来生活。而且,山西是中部省份,经济相对落后,运动员退役后的职业选择也较东部发达地区少,因此与上述的典型生活样态重合度更高。东部发达地区的武术运动员退役后职业选择较多,因此生活样态也就更多样化一些。但就总体而言,以上的几种生活样态还是可以代表武术运动员退役后的主流生活样态。这是因为,武术运动员的技艺对其所从事工作的深刻影响使其退役生活选择与这几种生活样态形成了一种内在的逻辑关联,而且这些生活样态也更能使运动员通过个体的武术技艺来获得事业的成功。

尽管退役武术运动员所重建的生活秩序各有不同,但与其运动生涯相比较,我们依然可以得出退役运动员重建的生活秩序的一些共性改变:在时间上,退役运动员基本能够完整掌控自己的工作时间和业余时间;新的职业工作内容成为退役运动员的生活核心内容;退役运动员的工资、津贴、保险等相关保障因不同的职业选择形成了巨大的差异;国家法律和职业道德要求共同成为退役运动员新生活秩序的重要约束;在新的职业中能否获得更好的职业发展,能否获得更多的收入,成为体现他们社会价值的重要标准。由此,运动员退役之后所重建的生活秩序已不再是整齐划一的简单生活范式,而是经过多样化职业选择后所建构的多彩的生活秩序。值得注意的是,生活秩序的重建作为退役运动员对美好生活的追求,本身就是一个动态的过程,退役运动员重建的生活秩序也在退役运动员个体的不断追求中持续调整。

第三节 国内武术运动员退役生活的样态分析

新中国成立以后,竞技武术运动在国内得到广泛开展,武术运动员的从业规模也日益扩大,退役运动员的数量日趋增多,运动员的退役生活表现形态多种多样。就全国体育界而言,武术运动员的退役安置虽然不像足球、篮球、乒乓球等球类运动那么乐观,但与柔道、举重等运动项目相较依然具有一定的优势。

从新中国成立初期到 1980 年之前,武术运动员的退役生活是比较稳定的,作为一个"国家的人",武术运动员们退役之后会根据国家的一纸命令去新的单位报到,成为一个新单位的工作人员,开始自己的另一段职业生活。1980 年之后,随着改革开放的深入进行,尽管此时的运动员安置仍由国家负责,但许多运动员已经不再满足于国家简单安排的现状,而自愿投身社会职业的选择中。1990 年以后,随着自主择业与国家安置的双轨制的实行,武术运动员们对社会的理解也与之前固化的状态有着很大不同,自主择业渐渐成为运动员退役的主要形式。

山西省武术运动员退役生活的样态在国内具有比较普遍的代表性,其主要的退役生活样态也是国内武术运动员退役生活的代表性样态。但由于山西地处中部,与东部发达地区的经济发展差异明显,运动员的思维和沿海地区同行的差异也相当明显,相对保守的思想限制了他们更广阔的就业视野。反观东部发达地区,因为经济条件优越,加之运动员思想活跃,运动员的就业选择范围也更为宽广。因此,与山西省武术运动员相比,发达地区的武术运动员退役以后即使是从事与武术相关的产业开发,也更着重于国际视野。至 2016 年已举行了十四届的香港国际武术节[①]就是武术运动员退役后运作的成果。而且由于武术在世界范围内的广泛传播,大批的运动员远涉海外,在国外帮助其他国家建立武术协会,推广武术运动,使中国武术文化被越来越多的人接受,成为世界人民喜欢的体育运动。这些退役运动员在国外的发展和努力,为中华武术文化的国际化传播作出了自己的贡献。

---

① 香港国际武术节,自 2003 年起举办第一届,是香港目前规模最大的武术赛事,每年举行一届,为武术的国际化推广和在国内的发展起到了很大的推动作用。武打明星赵文卓是香港国际武术节的形象大使。发起者张万强曾经是香港武术运动员,并获得过世界武术锦标赛冠军。

与国内发达地区的武术运动员退役生活相比较,山西省武术运动员的退役生活显得相对单调,退役武术运动员新生活所涉及的行业和领域较为有限。众所周知,李连杰、吴京等超级明星都曾经是武术运动员,他们在影视事业中坚持不懈,最终成为武术巨星。而原文庆尽管也具备了巨星的潜质,但由于未能坚持下来,最终只能成为普通的影视剧演员。尤其是在1997年退役以后,原文庆未再进入影坛,成为中国武术影视一个不大不小的遗憾。当然,原文庆在经过多次选择之后,重新走上执教的道路,为中华武术培养出更多的高水平运动员,非常值得我们尊敬。相对而言,他的后辈袁晓超毅然进入影坛,虽然影响了自己的运动生涯和竞技运动成绩,并过早地结束了竞技生涯,但毕竟开启了自己的明星之路。由此,山西省武术运动员的退役职业选择本身也经历了一个由单一到多元的过程,随着社会的开放而呈现出逐步多样的选择。

当我们对国内武术运动员的退役生活进行简单分析时,我们就会发现,东部发达地区的运动员退役选择更为广泛,进而也呈现出更多的生活样态。许多运动员退役后不再从事与武术运动相关的职业,有的甚至成为企业家、商人。当然,山西武术运动员退役后也有个别人,如文喜太成为企业家,但毕竟为数极少,而且成功的范例也不多。在这其中,经济发展环境的差异和经济发展水平的高低起着决定性作用。事实上,我们所看到的比较极端的运动员退役生活的例子,也与其所在省份经济实力有关。由此可见,运动员就业困难除却个体因素之外,即令是项目差异性的客观存在,也与经济发达与否有着紧密关联,绝不仅是重视与否的简单推理。

尽管不同项目的运动员退役之后选择了不同的职业,建构起了不同的生活秩序;尽管不同时期的运动员退役之后有不同的生活秩序建构;尽管不同的生活区域对运动员退役后新生活秩序的重建产生了不同的影响;尽管随着时代的变化,运动员一生中可以有多样的职业选择,甚至在同一时期内亦可有复合式的职业选择;尽管退役运动员新生活秩序的重建有成功也有失败；但无论如何，武术运动员的退役生活样态依然可以为我们提供代表性的分析对象。

许多项目的优秀运动员在退役后选择了专业教练职业，这种选择使他们在新的生活秩序建构中形成了区别于其他职业选择的如下共性特征：在时间管理上，教练员虽然需要配合运动队的管理，与运动员的时间管理形成了较高的契合，但他们在时间的自由度方面远高于运动员；在新的职业生活中，其工作的核心内容是如何提高运动员的技术水平，如何合理安排运动员的训练与比赛，如何使运动员能够在比赛中取得优异成绩，他们成为运动员生活的主导者；教练员的个人生活保障按照国家的相关职业规范进行，但在饮食、服装等方面与运动员时期仍然有相似的地方；如何使运动员获得更好的运动成绩，运动员能否为所属省份或国家获得更多的荣誉将成为其体现人生价值的重要标准。

作为社会武术推广者的退役运动员在其生活秩序的建构中也形成了自己的特色：在时间管理上，由于社会武术推广者社会职业的特殊性，退役运动员可以基本上完全根据自己的工作需要来安排工作，所以，他们基本拥有完整的时间支配权。同时，他们的工资、津贴和社会保障则因为身份的社会化，需要通过自己的努力从职业市场的竞争中获得，而如何使武术获得更多人的喜爱则成为他们职业努力的方向和人生价值体现的目标。

教师是武术运动员退役后职业选择的重要方向。在教学过程中，他们形成了自己的特定的新的生活秩序：在时间管理上，武术教师们完全遵守国家对教师的相关规定，武术教学成为他们特定的职业工作内容，在工资、津贴与社会保障方面他们享有国家对教师职业规定的相关待遇；通过学校教育如何使学生掌握更多的武术技术和武术文化知识，如何使武术成为广大学生锻炼身体的方法和手段，如何为国家培养更多高质量的武术人才，如何使武术文化得以更好的传承，是这些武术教师们的职业理想。

武术影视演员是一个新兴的社会职业,武术运动员退役后从事影视表演为武术的社会推广发挥着重要的作用,也形成了有别于其他职业的生活秩序:退役武术运动员从事影视表演要遵循法律法规的相关规定,也要遵守其所签订的相关演出合同的条款规定,无论是在时间管理方面还是在收入和社会保障方面都有赖于职业合同的相关规定,他们的工作内容是合同约定的,收入是合同约定的,社会保障也是合同约定的;如何使其所出演的影视作品获得更多的票房收入、收视率和社会美誉度则是他们人生价值的体现方向,同时也是他们职业稳定的有效保障。

部分武术运动员退役后成为体育行政机关的工作人员,他们作为一个国家机关的公职人员在生活秩序的建构中也有自己的特点:在时间管理上,这些新的国家公职人员完全按照国家机关的作息规定来安排时间;体育管理成为他们的职业工作内容,但并不一定与自己所熟悉的武术运动相关;在工资、津贴与社会保障方面他们享有国家公职人员稳定而可靠的相关保证;如何更好地履行岗位职责,使他们所参与的体育行政管理部门实现管理目标,促进和推动我国体育事业的持续发展是对这一群体的职业要求;如何履行好岗位职责、获得更好的职业发展是他们个人的职业努力方向。

武术运动员退役后进入国家机关,成为国家法律秩序的捍卫者,从而建立起与其他职业差异极大的生活秩序:在时间管理上,这些执法者们必须根据工作的需要来进行安排,他们的时间安排没有自由度可言,完全服从职业要求;捍卫国家法律的尊严,维护正常的社会秩序是他们职业的规定性内容,不可更改,也没有选择;这些执法者的生活待遇则完全根据国家的相关规定予以保障,他们享受的薪酬待遇并不高,但承担的社会责任却很重,工作压力大、职业风险高成为这一群体的职业特点;国家对执法者们的思想教育和职业目标都有非常高的要求;执法者们捍卫国家法律的尊严、维持正常的社会秩序作为他们人生价值的最高体现。

综上所述,运动员在退役后通过自己对美好生活的追求和个体的不懈努力,不同程度地实现着自己的人生理想,构建着自己的理想的生活秩序。当然,理想与现实永远存在着差距,在退役运动员们建构自己理想生活秩序的过程中也存在着心理调适的成功与失败。但就大多数的退役运动员而言,无论他们有着怎样的人生追求,选择了怎样的职业,他们都充分将自己在运动队伍中长期生活形成的坚韧、顽强融入自己生活秩序的重建过程。比如,原文庆退役后从事过多种职业,也经历过职业生涯的失败,但他依然坚持自己的武术梦想,最终成为武术教练,在自己最熟悉的领域中建构起自己的生活秩序。由此,退役运动员生活秩序的重建既是对自己人生理想追求的过程,也是在生活中不断调适自己人生理想的过程,正是在这样的调适过程中,退役运动员的人生理想得以逐步实现,生活秩序得以成功重建。

武术运动员退役生活的基本样态是存在的,但随着经济的持续发展,这些样态的固有模式也在被逐步打破,新的样态开始迅速走进人们的视野,从而与固有的生活样态一起构成了武术运动员多彩的退役生活。而且,这种变化趋势显然有助于走出目前运动员安置的困境,丰富运动员退役后的生活选择,为国家体育政策的制定提供新的思路。由此,武术运动员退役生活秩序的基本样态就与其他项目运动员的退役生活秩序基本样态形成了相当大的同步性,对武术运动员退役生活秩序的分析也就具有了运动员退役生活秩序分析的代表性。作为生活史研究的重要内容,我们基于山西武术运动员这一群体退役生活秩序的分析为研究运动员的退役生活提供了一个基本的研究范式,也为我国退役运动员生活的深入研究提供实证和理论参考。

第六章

20世纪80年代以来社会变迁与运动员生活秩序的重建

20世纪80年代以来是中国社会变化剧烈的一个时期,经济高速发展,社会日新月异,社会变迁的影响十分深远。对于运动员们来说,社会变迁不仅意味着他们所处的外在社会环境发生了重大变化,而且他们个体也在随之发生着巨大的变化。首先,最为典型的就是,运动员们不再只是一个"国家"的个体,运动员们在运动赛场上依然为国家和自己所在地区争取荣誉,但他们的日常生活却开始摆脱固有的规训的生活秩序,而逐步变得相对宽松。其次,运动员退役不再只是简单的国家安置,而是有了更多自我选择职业的机会和余地。运动员生活秩序建构中的这种变化是重要的,对国家的运动员安置政策和国家体育政策的制定产生了重要的影响。

第一节 "个体的崛起"与退役运动员自我价值的勃发

社会个体是"指具有自然生理特性的,社会的、精神的特性的单个存在物。个体是群体和社会的活的细胞,没有个体就不可能有群体和社会"[1]。新中国成立初期,为了迅速巩固社会主义政权,改变经济落

---

[1] 邓伟志主编:《社会学辞典》,上海辞书出版社,2009年,第266页。

后的社会面貌,执行了以计划经济为基础的"总体性社会"发展模式。① 改革开放之后,中国政治、经济和社会的诸多方面发生了翻天覆地的变化。随着原来的计划经济被社会主义市场经济所代替,当代中国社会发展的历程,其中一个重大的变化就是社会结构中个体重要性的上升。阎云翔先生将这一社会现象总结为"个体的崛起",如果参照改革开放以前中国的集体化状态,这一叙述显然既形象又准确,是对中国社会发展的一个比较贴切的学术论断。② 随着经济快速发展,个体化趋势日渐明显,运动员由于其所从事的体育运动竞争性极强,在其运动生涯中本来就具有更多的个体化思维。在整个社会的个体化浪潮中,运动员的社会地位认同感也不断发生着变化。从20世纪80年代至今,运动员作为一个特殊的群体在整个社会的认知中呈现出不同的样态,经历了一个从高到低的转变过程。由北京市1985年、1990年、1997年三次职业调查③我们不难看出,运动员的职业声望呈现出一路下滑的趋势,排名由1985年的第14名、1990年的第15名一直下滑到1997年④的第25名。职业声望的下滑对运动员从业者的压力是潜在的,也是运动员退役安置趋难的反映。深圳于1997年⑤对职业社会声望调查结果表明,运动员居于第19位,与北京市1990年的职业声望调查相较类似。许欣欣2000年⑥完成的中国城市居民职业声望调查中运动员居于第35位,与上述北京市1997年的调查结果相比又有了很大下滑。

---

① 王广虎、张红坚:《个体化社会——休闲体育的社会学基础》,《成都体育学院学报》2013第3期。
② 转引自贺美德、鲁纳:《"自我"中国:现代中国社会中个体的崛起》,上海译文出版社,2011年,第1页。
③ 杨继绳:《中国当代社会阶层分析》,江西高校出版社,2011年,第107页。具体数据见文后附表6。
④ 同上书,第109页。具体数据见文后附表7。
⑤ 编辑部:《深圳风采周刊》,1998年7月6日。具体数据见文后附表8。
⑥ 许欣欣:《从职业评价与择业取向看中国社会结构变迁》,《社会学研究》2000年第3期。具体数据见文后附表9。

从上面的比较我们可以看出,改革开放以后,运动员的社会地位和社会认可度总体呈现出逐步下降的趋势,这是一个值得注意的社会现象,与社会多元化的发展趋势有着十分密切的关联。在20世纪80年代,刚刚步入改革开放的中国亟需尽快融入国际社会,从20世纪70年代开始的"乒乓外交"和后来的"武术外交",对提高中国的国际形象和传播中国的优秀文化都起到了至关重要的作用。1984年,新中国首次参加在美国举办的第23届奥运会,在本届奥运会上中国共获得15枚金牌(这个成绩是在以苏联为首的东欧国家抵制洛杉矶奥运会的背景下取得的),位列金牌榜第4。1988年,汉城第24届奥运会上,中国获得5枚金牌,位列金牌榜第12位,因此被称为"兵败汉城"[①],从这样的叙述我们就可以看出当时国民对奥运金牌的渴望。正是在这样的社会背景下,中国体育的杰出代表中国女排所创造的"女排精神"成为一个时代的精神象征。国家的需求与国民的期望使体育在国内的重视度得到很大提高,运动员的社会职业声望也就在1985年的调查中达到了第14名的水平,到1990年依然位于第20名的位置。随着社会多元化的发展,国民对运动员训练的残酷性有了更为深刻的了解和认识:运动员有其辉煌光鲜的一面,但同时也有其残酷心酸的一面。而且,随着社会生活水平的整体提高,运动员在训练过程中所要经受的超越身体极限的残酷也被人们视为畏途。所以,体育明星在社会中依然有着很高的声望,但愿意从事运动训练的人数却呈减少的趋势[②],原有的金字塔形培训体制的塔基正在被动摇。运动员职业认可度的下滑使运动员退役就业形势更加困难。

尽管运动员职业认可度的下滑已经是不争的现实,但随着社会开

[①] 著名作家赵瑜曾因汉城奥运会著有《强国梦》《兵败汉城》,记述了20世纪80年代中国竞技体育的发展状况以及对此展开的思考。

[②] 据笔者的调查,山西省内原有的106所少体校,已有三分之二因招生困难而被迫关闭,其余还在运作的少体校招生情况也不乐观。尤其是摔跤、举重等力量性项目招生更加困难。

放程度的加大,经济活力的提高,为运动员退役安置提供的选择也越来越多。对于退役运动员而言,从计划经济时代到个体的崛起,社会变化使他们的退役安置从以往的单一转向多元,使他们具有了更多自我选择的可能。由此,社会变迁就从客观和主观两个维度增加了运动员退役就业的机会。

个体的崛起意味着自我价值的勃发,退役运动员从以往简单地寻找新的工作,变为对自我价值的重新诉求,因此,在退役就业选择中不再只是依靠国家的安置。而且,随着改革的深入进行,以往运动员安置的国家行政机构、事业单位、企业单位许多无法接收退役运动员,这就意味着以往的安置选择越来越少;同时,经济的发展使社会可以为退役运动员提供更多的就业选择,而且可以相较以往的安置提供更好的创造自我价值的机会。

山西省武术运动员的退役生活可以充分印证这一点。孟耿成在退役后并没有选择国家安置,而是进入社会,参加影视剧的拍摄,回到自己家乡开办新东武术馆,从事社会武术的推广工作,为社会培养了大量的武术人才,既充分体现了自己的人生价值,也为社会创造了很大的社会效益。同与他同时代的接受安置的退役运动员相比,孟耿成无疑走的是另一条退役之路。原文庆在第一次和第二次短暂退役过程中,从事了大量影视剧的拍摄,成为当时国内知名的电影演员;第三次退役后他先后担任山西武术队教练、福建某武术学校总教练、原文庆国际武术学校校长等职务,并获得了山西大学管理学硕士学位,最终成为上海武术队教练。原文庆先后从事的工作都是自我选择的结果,这种自我选择突显的是自我价值的勃发。21世纪的武术王子袁晓超也追求自我价值的彰显,在运动员期间参加电影《太极1:从零开始》的拍摄,并因此而过早地结束了自己的运动生涯,这本身也是运动员本体追求自我价值的结果。

从山西省武术运动员的退役来看,个体的崛起使运动员选择退役生活时更加重视自我价值的实现,希望能够在退役以后更好地体现自我。应该说,这既是运动员退役就业时的主导思想,也是他们在新的社会形势下的自我追求。在这样的指导思想下,运动员们退役生活秩序的建构与之前相比有了新的变化:在时间管理上,退役的运动员个体更多追求自我管理;在工作内容上,更多追求的是个人兴趣以及与实现其价值目标相一致的内容;在人生的价值目标上,更多追求个人价值的实现;在生活保障上,更多依赖于自己的努力。

因此,我们在着眼于运动员的退役安置时,不能再简单遵循以往的提供一份工作的思路,而应以如何能够更好地发挥运动员自身所具有的优势,并有利于其自我价值实现为出发点,更积极地为运动员提供就业技能培训等服务,使他们在社会中能够更快地找到更适合自己的发展位置。

第二节　从社会精英到普通群众

"精英"一词最早出现在17世纪的法国,意指"精选出来的少数"或"优秀人物"。《现代汉语词典》将其解释为"出类拔萃的人"[1],泛指在一项或多项领域上的优秀人才和领导者。在社会学视阈中,精英是"指社会上具有卓越才能或身居上层地位并有影响作用的杰出人物。与一般天才和优秀人物不同,在一定社会里得到高度评价和合法化的地位,并与整个社会的发展方向有联系。因其散布于各行各业,从而可窥测社会分层现象"[2]。对于运动员们来说,20世纪80年代以后经历了两次比较大的社会地位的转折。一次是20世纪80年代初,中国在改革开放中阔步前进,体育运动在社会发展中占据了相当重要的位置。1981年,中国男排战胜对手韩国队,许多高校的学生走出校园,喊

---

[1] 中国社会科学院语言研究所词典编辑室:《现代汉语词典》,商务印书馆,2002年,第668页。
[2] 邓伟志主编:《社会学辞典》,上海辞书出版社,2009年,第346页。

第六章 20世纪80年代以来社会变迁与运动员生活秩序的重建

出了"振兴中华"的口号。由此可见体育对于当时社会的影响力之大。体育运动员也因其在体育比赛中优异成绩的获得,而在主流新闻话语中成为在社会中具有很大影响力的社会精英人物。运动员退役后更是为当时众多工作单位所青睐。山西的武术运动员们也经历了这样一个时期,许多退役运动员进入当时不错的工作单位。运动员身份使他们获得许多荣誉的同时也获得了较高的收入。尤其是20世纪80年代后,武术运动在全社会范围内广泛兴起,许多武术运动员都投入影视剧拍摄中,在影视作品中展现武术文化的魅力。相当一部分武术运动员开始走出运动员的身份束缚,而成为众所周知的影视明星。

运动员作为体育界的杰出人物,作为社会精英是无可争议的。其实,放宽我们的视野,由于整个运动员群体作为一个职业群体,在相当长的一段时间内确实享有一些其他社会群体所不具备的待遇,比如他们的吃、穿、用、住都有国家较高标准的供给,这就使得他们在物资相对匮乏的年代享有了一些普通人不能享有的"特权",运动员心中很容易产生自我优越感。同时,优秀运动员又往往在其他领域获得很多的社会荣誉[1],退役就业也很容易进入一些行政机关或收入相对可观的国有企业,从而使运动员群体在其他社会群体面前有了很大的优越感。在十分严格的运动员生活中,山西省武术运动员们的一举一动都被打上了深深的时代烙印。武术作为中国传统体育文化的代表,在对外文化交流和体育交流方面曾发挥过重要的作用,武术运动员们多次代表国家出访[2]。在推动中国武术对外传播的同时,运动员个体无论从精神上还是物质上都有很大的优越感。

随着经济发展水平和人民生活水平的提高,以往在运动员心目中的优越感不再具有曾经的吸引力,尽管他们还拥有运动员享有的一些

---

[1] 张日申、王斌海:《山西体工队史》,山西省体工队,1993年,第343页。具体内容见文后附表10。
[2] 山西省地方志编纂委员会编:《山西通志·体育志(第四十二卷)》,中华书局,1995年,第364—366页统计,具体内容见附表11。

待遇。随着国家经济的增长和对体育事业投入的加大,运动员待遇从纵向比较而言也有很大提高。如前文所述,20世纪60年代运动员能吃饱饭,但有时也要用红薯①来补足,而到20世纪80年代以后,国家体委会特别规定运动员的营养食谱。但这种纵向的提高与社会大众生活水平普遍的快速提高相比则显然要慢得多,在普遍生活水平提高的情况下,当衣食住行不再成为社会个体不易获得的生活必需品之后,运动员们的优越感也就不复存在。社会的变迁使运动员的职业生活水平与社会生活水平的整体提高相较并无优势。张小波回忆起自己的运动生涯时就十分感慨:"我们当运动员时从收入来说比社会上其他职业有一些优越感,因为有一些营养补助,还有一些奖金。但是随着计划经济走向市场经济以后,运动员的优越感可以说是荡然无存。而且和社会上一些群体的收入相比,方方面面都显得非常低。"②

社会优越感消失了,心理的落差也客观存在,但艰辛备尝的训练却依然要持续。而且20世纪90年代之后,大部分运动员曾经拥有的社会优越感更是不复存在,并开始产生一些自己成为"弱势群体"的错误感觉。

弱势群体,"亦称社会脆弱群体、社会弱者群体。指依靠自身的力量或能力无法保持个人及其家庭成员最基本的生活水准、需要国家和社会给予支持和帮助的社会群体。包括下岗失业人员、进城打工的农民、城乡低收入人员等。一般而言,社会弱势群体占有的社会资源较少,都有着较差的社会地位和社会境遇,其直接原因在于个人能力不足,深层原因则是社会制度安排有问题。从总体上可分为生理性弱势群体和社会性弱势群体"③。

据此来分析,我们可以看出,就退役运动员群体而言,显然不属于弱势群体的范畴。个别退役运动员因于新的生活秩序未能实现成功

---

① 采访张希贵,采访者田文波,2015年3月12日,地点:张希贵寓所。
② 采访张小波,采访者田文波,2016年5月21日,地点:山西省自行车击剑运动管理中心。
③ 邓伟志主编:《社会学辞典》,上海辞书出版社,2009年,第268页。

建构,在生活中处于弱势地位,但这只是社会个体的表现而不及于群体。由前所述,山西省用于运动员的经费呈逐年攀升的状态,运动员的收入也逐步提高。所以,运动员作为一个群体在国家生活中受到的关注度并未降低,只是由于社会经济水平的整体提高使运动员的相对优越感降低而已。事实上,相对于大量处于贫困线上下的农民群体和农民工群体,相对于普通的工薪阶层,运动员的职业生活依然具有很大的优越度。运动员退役安置困难是客观存在的,但绝大多数运动员的退役生活都还是美好的。运动员退役安置问题进入我们的视野与媒体对特定个体的关注有直接联系。

进入21世纪,新闻媒体越来越关注"草根"阶层的生活,一部分退役运动员生活的艰困由此进入社会的视野。媒体的关注使社会开始关注退役运动员这一群体,而且在媒体强势话语的主导下,运动员退役生活的艰困也被放大,使得社会大众认为曾经为国家作出贡献的退役运动员生活如此困难是社会的责任,放大了运动员退役安置过程中产生的问题。国家对于运动员的退役安置一直十分重视,进入20世纪90年代以后,国家体委先后出台相关安置方法,并对运动员退役安置费进行了规定,对退役运动员继续深造进行补助,这些政策的出台对我国退役运动员的就业起到了很大促进作用。据2014年的统计,"全国共有运动员约1.7万人,每年退役的运动员约有2000人,其中政府帮助安排工作能够解决30%"[①]。时任国家体育总局人事司司长高志丹指出:"政府安置并不是安置工作中最重要的内容,在工作中应当更看重和鼓励的是运动员自主就业或者选择职业。……现在国内体育产业越来越兴旺,在体育训练、教育、管理领域都需要很多的专业人才,在这些方面能够吸收不少运动员。政府安置运动员的主要去处也是这些地方,不过这不能解决全部的问题。毕竟现在连高校毕业生都不包分配了,我们更鼓励运动员自己创业。在这方面我们做了非常

---

① 徐征、周畅:《为了"邹春兰"事件不再重演》,《广西日报》2014年11月24日。

多的工作,力争建立一套'组合拳'来保障运动员的再就业。"①而且,经过一整套退役运动员保障体系的建立,一些极端案例以后不会再出现了②。由此也可以看出,随着国家相关措施的出台,退役运动员的就业问题正在得到好转。当然,在事物发展进程中,退役运动员的就业问题会一直作为一个社会问题存在,一些比较极端的例子也可能还会出现,但就整个群体而言,将退役运动员称为"弱势群体"是不恰当的。当然,对于失去了以往优越感的运动员群体而言,"弱势"的感受也可以理解,毕竟,运动员们不再是以往那样得到国家充分照顾的群体,而成为相对普通的一个社会职业。

由此,所谓的从社会精英到弱势群体,并非准确而完整的逻辑。运动员曾经作为社会精英这是一个不争的事实,但"弱势群体"更多是出于运动员的自我感受,而非社会发展的客观现实。社会变迁所带来的运动员社会优越感的消失,会使运动员就业的自信心受到一定的影响,但并不是决定性的影响。毕竟,运动员依然受到国家政策的照顾,在退役就业中的"弱势群体"本身就是一个误读。

山西省武术运动员的退役就业可以为上述论点提供佐证。前文所述的山西省武术运动员退役就业中成功的案例很多,失败的退役人生很少。因此,我们探究退役运动员的就业,不能仅从几个典型的个案出发来展开思考,不能仅从简单的情感出发来探讨退役运动员是否是"弱势群体",更应从整体的就业现实来展开思考,从而为退役运动员生活秩序的重建提供新的工作思路和研究借鉴。

第三节 社会变迁与退役运动员个体生活选择

改革开放以后,经济的发展使许多职业应运而生,影视演员、保

---

① 徐征、周畅:《为了"邹春兰"事件不再重演》,《广西日报》2014年11月24日。
② 同上。

镖、武术馆校教练、社会武术推广者等为武术运动员退役生活提供了多种选择,也为运动员自主择业创造了条件。

1982年,《少林寺》的热播使武打影视演员这一职业出现在人们面前。此前,在封闭社会环境中生活的中国人对于功夫电影没有深刻的印象,从来没有想过依靠精湛的武术技艺能够成为影视巨星。尽管20世纪70年代的李小龙已经蜚声世界,成为世界范围内的功夫巨星,但中国人对功夫电影的认识一直等到《少林寺》公开播放以后。《少林寺》对于中国武术的意义不仅在于通过影像技术和演员们的精湛表演实现了对中国武术的推广,更在于它使得中国的武术运动员们认识到武术的影视表演可以成为一种职业。对于山西省的武术运动员而言,从教练庞林太到运动员孟耿成、巩铁练、文喜太,他们成为山西省武术运动史上最早的武术影视演员,原文庆和袁晓超两代武术王子也曾先后投身武术影视,成为有一定影响力的影视演员。武术影视演员这一职业为许多武术运动员提供了就业的机会。当然,并不是每一个武打演员都能成为影视明星,事实上,除了李连杰和吴京以外,武术运动员退役后成为明星的并不多见。武术影视演员除去作为主要演员的表演之外,还有相当一部分是满足武打替身演员的需求。武术影视剧中以及非武术影视剧中对动作设计的需求,也为退役武术运动员提供了就业的选择。由此,社会变迁下催生的大量影视作品对武打演员、替身、动作设计等工作的要求,为退役武术运动员的就业提供了较为丰富和多元的新选择。

随着经济的发展,20世纪80年代以后,中国一部分先富起来的人开始考虑自身的安全问题,保镖这一古老的职业开始重新兴起,为精于格斗的武术散打运动员提供了新的职业选择。北京一家保安公司"林镖头"的负责人柏先生在接受记者采访时曾说:"我招聘的不少队员都是在各自省市拿过名次的散打运动员。"[1]北京"神鹰邦特"社会调

---

[1] 刘健:《北京保镖调查:武艺高强素质全面》,《北京晨报》2005年11月30日。

查事务所江总经理介绍,"我们调查事务所招聘的保镖有退伍军人,也有散打选手"①。由此可见,武术散打运动员选择保镖职业是有一定数量的。但因保镖这一职业的私密性,且有长期和短期的分别,所以,在本研究的调查对象中没有从事保镖职业的调查结果。

随着社会的发展,保镖需求数量日益增加,为许多武术馆校的学生提供了就业的可能,从而刺激了武术馆校在全社会的迅速发展,武术馆校的教练由此也成为一种需求量较大的新职业。无论是保镖还是武术馆校教练都为退役武术运动员就业提供了一些新的机会。退役的武术运动员们通过担任武术馆校教练或者担任保镖来作为自己的职业。这些新的就业形式为武术运动员的退役安排提供了新的选择和新的可能。

中国武术随着中国经济的发展也在不断地发展。伴随着经济的高速发展,人们的健康意识和健康诉求日渐提高,武术作为一种适合大众习练的民族传统体育项目,因其对场地要求不高,对习练服装、器械设施要求不高而备受人们喜爱。据不完全统计,仅太极拳这一拳种在世界范围内就有超过两亿人在习练,庞大的习练人群对社会武术推广者这一新兴职业产生了很高的需求。武术运动员退役以后,其所掌握的比较系统、完整的技术依然熟练,加之他们往往具有比较优异的成绩,可以有效地说服群众跟随他们习练武术,从而吸引更多的武术习练人群,推动武术运动在社会范围内的普及与开展。

以上是因社会变迁所产生的新的职业,而随着社会经济的发展,武术社会推广范围的扩大,对原有的一些职业也增加了很多的需求,从而为武术运动员的退役选择提供了更多的可能。

如上所述,随着社会发展,武术馆校无论是数量还是规模都有很大的增加和扩大,武术馆校的管理者、教师都有着很大的缺口。为了解决退役运动员的就业问题,国家在四十余所高等院校设立民族传统

---

① 刘健:《北京保镖调查:武艺高强素质全面》,《北京晨报》2005年11月30日。

体育专业，无论是招收的学生数量还是需要新聘的教师数量都为武术运动员退役提供了机会。而且国家对民族文化越来越重视，许多高等院校都开始开设武术课程，这就需要更多的武术教师参与其中，从而为武术运动员退役又提供了重要的职业选择。

由上我们可以看出，社会变迁加速了社会的精细化分工，使许多原本不存在的职业成为新兴职业，同时也使许多原有的职业焕发出新的光彩，这些都使得武术运动员退役后就业之路越来越宽。因此，社会变迁为运动员退役自主择业提供了更多的选择，创造了退役后多元发展的必要社会条件。随着社会变迁的持续进行，还会有新的职业从旧的职业中裂变出来，从而进一步扩大退役运动员的职业选择范围。在社会变迁为退役武术运动员提供了尽可能多的选择以后，退役武术运动员的职业选择也随着多样化起来。如上所述，退役后的武术运动员们往往并不限于一种职业，而力争使自己成为一个多种职业复合集于一身的多元职业体，形成自己多面立体的多彩人生。

社会在转型，职业在转变，武术运动员们的退役职业选择也在不断产生着变化。无论怎样变化，在某种意义上，社会变迁与武术运动员的退役就业选择形成了一种对应的逻辑关系。一方面，社会变迁为运动员退役生活的职业选择提供了更多的可能；另一方面，运动员退役后职业选择的结果本身也成为社会变迁的组成。

结　语

　　社会变迁反映出社会历史进程的发展变化,是历史学研究和社会史研究深入进行不可忽视的影响因素。新中国建立以来尤其是改革开放以来,我国社会发生了深刻的社会变革,体育事业伴随着社会的变迁而发展,体育政策的制定与调整都与社会变迁有着紧密的逻辑关联。运动员作为中国体育事业发展的主体,无论其职业生活秩序还是退役后生活秩序的重新建构都与社会变迁息息相关。同时,社会变迁所涵盖内容的广泛又决定了运动员个体生活秩序的打破与重建本身就是社会变迁的组成部分,在这里,运动员生活的主题不再只是社会变迁宏阔历史背景下的外在呈现,更是宏阔历史的内在组成。

　　社会变迁作为中国社会历史进程的重要表现,是运动员生活秩序打破与重建的宏阔历史背景,是推动运动员生活秩序打破与重建的根本力量,新中国成立以后社会制度层面的变迁更是直接导致了运动员生活秩序打破与重建的不同历史呈现。作为社会变迁的重要组成和外在表现,运动员生活秩序的打破与重建是运动员这一特定群体对中国社会发展自我调适的结果,同时也通过群体自身生活秩序的变迁与社会的其他变革形成互动逻辑,推动了社会制度层面的政策调整。所以,社会变迁在本研究中既是运动员生活秩序打破与重建的历史背景和推动力所在,也是运动员生活秩序打破与重建的历史表达。

　　在社会变迁过程中,变迁特征、个体特征和环境特征等三个相互作用的因素影响着运动员对社会变迁的适应过程。社会变迁对运员生活影响最大的是国家政策的演变以及在此基础上退役就业的社会环境变化,运动员个体对政策调整和退役社会环境变化的反应与调适最终转变为运动员退役生活秩序的构建。

在运动员进入运动队前后以及退役前后,运动员的生活秩序是截然不同的。在不同的社会历史时期,运动员的职业生活秩序与退役生活秩序也展现出不同的特点。作为一个特定的社会群体,运动员与其他社会群体不同,有着自己特定的生活秩序。运动员从普通社会个体进入运动队伍,通过展示自己的运动特长实现身份的改变,成为一个"国家的人"。在几十年的发展过程中,中国体育形成了严密而完整的体育制度,在制度的规约下,运动员们形成了固化的规训的生活秩序:在时间管理上,运动员们有十分严格的作息管理和训练管理的时间设置;在生活的核心内容上,训练和比赛成为生活秩序的核心;在生活保障方面,国家给运动员提供了衣、食、住、医疗等全方位的保障,不仅如此,运动员还有工资和津贴的保障;在思想教育方面,运动队由专人负责,为国争光成为运动员思想政治教育的核心内容;运动员生活中实现人生价值的主要目标就是取得优异成绩,为省为国争光。固化的生活秩序使运动员能够在一个相对稳定的生活状态下训练,这为运动员取得优异成绩提供了坚实的保障。而且,这种固化的生活秩序贯穿于运动员的竞技生涯,甚至对运动员们的一生产生深远影响。

运动员的竞技生涯是有限的,受各种因素的影响,每一个运动员都会走向退役。退役既是运动员竞技职业生活的终结,同时也是运动员脱离运动员身份选择另一种新生活的开始。所以,退役既面临一种既有生活秩序的终结与打破,也面临一种新生活的孕育和新生活秩序的重建。随着运动员的退役,运动员在长时期运动生涯中形成的固化的生活秩序被打破:在时间管理上,退役后的运动员相较他们的运动生涯有着自由度很高的时间安排;在生活的核心内容上,新的职业工作内容将成为他们为之努力的方向;在生活保障方面,国家给运动员提供的衣、食、住、医疗等全方位的保障也不复存在,取而代之的是各种不同职业的有限生活保障,工资和津贴的保障也因运动员退役后从事的不同职业而有了巨大的变化;在思想教育方面,国家法律和社会道德要求成为退役运动员们约束自己思想和行为的底线;在新的职业中体现自我价值成为实现人生价值的主要目标。退役直接导致了运动员生活秩序的打破,同时,随着社会变迁的深入进行和国家制度层面的变革,运动员建构新的生活秩序也由单一的国家安置向多样化选择的趋势转变。

就生活秩序而言,运动员个体在进入运动队伍时已经经历了一次生活秩序的重建,从儿童时代进入运动队或进入少体校开始,运动员们就曾经面临着生活秩序的重建。所以,退役是运动员个体第二次进行生活秩序的重建。不同的是,进入运动队伍是运动员个体从普通的社会个体向运动员固化的生活秩序转变,而退役生活则是在打破运动员生活秩序基础上对普通大众生活的重新建构。不同项目的运动员退役之后选择了不同的职业,建构起了不同的生活秩序;不同时期的运动员退役之后产生不同的生活秩序建构;不同的地域对运动员退役后新生活秩序的重建产生了不同的影响;随着时代的变化,运动员退役后可以有多样化的职业选择,甚至在同一时期内亦可有复合式的职业选择;最后,退役运动员新生活秩序的重建有成功也有失败。退役运动员生活秩序的重建由此形成了基本的逻辑建构。

由此,运动员的生活秩序经历了不同时段的打破与重建,形成了新中国成立以来的历史演绎,使运动员的生活史成为多维度下的共同表达。同时,生活秩序的重建作为退役运动员对美好生活的追求,本身就是一个动态的过程,在退役运动员个体的不断追求中持续调整。基于这样的基本研究逻辑,通过对山西省武术运动员为研究主体的职业生活秩序和退役后生活秩序重建的历史叙述,并对社会变迁视阈下运动员职业生活秩序和退役后生活秩序重建进行分析研究,得出以下结论。

社会个体进入专业运动队伍经过了从业余到专业的固化的生活

秩序的建构历程,并受到国家需求、家庭需求、个人兴趣、健康与教育需求等因素的综合影响。在国家严格的制度管理下,运动员的职业生活秩序处于准军事化状态,训练生活秩序在领队和教练的管理下处于职业化状态。个人的日常生活尤其是精神生活与训练团队高度融合,运动员对这种准军事化生活秩序高度认同并严格要求自己,刻苦训练,是成为高水平运动员的关键。退役是对固有的运动员生活秩序的打破,退役是政治因素、年龄因素、伤病因素、家庭因素、竞技成绩因素等多种因素作用的结果,不同历史时期各种因素对退役的影响也各有不同。运动员要从高度集中的团队生活向社会职业生活过渡,重建理想的生活秩序,其个人的选择性、主导性与国家政策、社会变迁有紧密的关联,运动员生活的自主性越来越重要。

生活秩序的重建是退役运动员追求美好生活的过程,不同历史时期呈现出不同的状态。1958—1990 年,国家完全负责运动员们的退役安置工作;1991—2008 年,由国家安置转变为双向选择,最终过渡到自主择业。社会变迁与国家安置政策的变化对运动员退役生活秩序的建构具有重要影响。退役运动员通过自我的主动调整,努力把握时代脉搏,发挥运动员的优势,适应国家和时代的需要,可以逐步重建良好的生活秩序。武术运动员退役职业选择的基本样态包括当教练、影视演员、事业单位工作人员、教师、社会武术推广者、警察等,这都是将自身运动员的优势与社会和时代需要相结合的结果。随着社会主义计划经济向社会主义市场经济的转型及改革开放的不断深入,社会变化日新月异,运动员不但要从原来的生活样态中走出来,而且要面对多彩纷呈的社会生活图景,主动或被动地不断做出新的生活抉择。退役运动员新生活样态的形成不是一蹴而就,从固有的生活样态到变化的生活样态,从从事一种职业到不断跳槽,构成了武术运动员的多样退役生活样态图景。在此基础上,运动员退役之后所重建的生活秩序不再是国家严格要求下整齐划一的运动员生活范式,而是经过运动员个人追求和多样化职业选择后所建构的多彩生活秩序,呈现出成功、平凡、失败等不同的外在表现。

　　生活中的时间管理、职业内容、基本保障、生活目标与人生价值的追求及实现等内容构成了运动员构建生活秩序的重要维度。职业选择与上述的几个维度形成紧密的社会关联，因而成为运动员生活秩序建构时重要的甚至是决定性的影响因素。随着社会的变迁，运动员个人因素的作用越来越重要，国家提供的政策及社会各方面提供的机会，需要运动员依据个人对生活的追求把握和抉择，职业成功和生活状态满意度高者通常是较为积极主动把握时代需要与国家需要，将个人对理想生活追求与此紧密结合起来的人。发挥运动员的体育特长，为我们国家的广大人民群众体育水平及健康的提高贡献力量，是大多数退役运动员能够发挥出自身的人生价值，也体验到幸福生活的重要原因所在。

　　社会变迁使运动员的社会优越感逐渐消失，使运动员们开始产生一些自己成为"弱势群体"的错误感觉。由此对运动员退役生活秩序的重建产生一定的影响，但并不是决定性的影响。社会变迁为运动员退役生活秩序的重建提供了更多的可能，导致了运动员退役生活秩序重建的不同结果。

　　社会变迁为运动员退役生活提供了更多的职业选择，运动员退役后职业选择的结果成为社会变迁的组成。社会变迁作为中国社会历史进程的重要表现，推动了运动员生活秩序的打破与重建，同时，运动员生活秩序的打破与重建也是社会变迁的重要组成和外在表现，是运动员这一特定群体对中国社会发展的自我调适的结果。

　　上述结论的形成与新中国建立以后体育运动的发展和体育制度的演变有着对应的逻辑关系，是社会变迁和体育运动本身共同赋予了这些运动员重建自己生活秩序的可能，同时，体育运动的特质也使运动员的退役生活大多与体育运动依然息息相关。

　　改革开放以前的运动员制度和运动员退役安排是固化的，从进入运动队开始就成为"国家的人"，运动员个体只需要认真训练，他们已经拥有了一个"国家人"的身份。某种意义上,这是他们生活秩序建构的一次成功,因为此后他们的一切都会由国家安排。从成为专业运动员到退役,国家包办了一切,所以许多运动员在这样的体制中形成了固化的思维,认为自己为国家、为集体作过贡献,就理所应当地得到国家的安排。直到如今,依然有许多运动员沿袭这样的思维。殊不知,进入 21 世纪以后,运动员的身份早已不再是固化的身份,国家也通过退役费补偿、退役后职业技能培训等形式对运动员的退役生活提供了很多相应的帮助,但这些帮助对于运动员退役后生活秩序的重建显然还远远不够,还需要更多的行之有效的办法和措施。

运动员生活秩序的重建与社会变迁有着十分紧密的联系,我们看待这一命题时不能简单地将其归之为运动员自我生活重建的过程。运动员退役生活秩序重建的成功与否并非决定于运动员个体对未来美好生活的渴求,而是决定于运动员个体对于生活路径的选择和生活技能的掌握。在 20 世纪 90 年代以前,当运动员们对自己的"身体"并无绝对的操控权时,生活秩序的重建是谈不上自己做主的。计划经济时代的运动员首先是作为国家体育工作的一个细胞而存在,而不是作为简单的社会个体而存在的。20 世纪 90 年代以后的运动员们则拥有了自己选择的权利,在面临国家的退役安排不够满意时,他们不再像以往那样只能无条件服从,而是可以自己选择退役后的人生道路。虽然这种自我选择并不意味着生活秩序重建的成功,正如同前面的国家退役安排也并不总能尽如人意一样,但毕竟运动员个体有了自我选择的权利,有了对自己生活秩序重建进行选择的权利。这与 20 世纪 80 年代中国社会"个体化的崛起"具有同步性,体现出了体育运动发展、运动员安置工作的与时俱进。

所以,在不同的时代,我们对待运动员退役问题也应有不同的解读,这也是为什么这一问题直到进入 21 世纪之后才成为一个社会问题的主要原因。事实上,运动员退役安置问题是一直存在的,我们从国家关于这一社会问题的相关文件中可以看到这一点。进入 21 世纪,随着社会个体自我意识的增强,社会需求的改变,国家不再完全承担这一社会责任时,问题的突出就成为社会变迁的必然结果。

社会变迁使运动员退役的就业环境发生重大变化,在客观条件上奠定了运动员退役生活秩序构建的社会基础。运动员退役后生活秩序重建过程中众多问题的呈现推动了国家相关政策的调整,并在此基础上逐步完善了运动员退役生活的保障体系,使运动员退役生活秩序的构建逐步走上良性发展的轨道,避免了更多极端现象的发生。当然,从历史的发展来看,社会变迁的持续进行导致运动员生活秩序的重建依然是一个动态变化的过程。退役运动员的生活秩序重建既不是简单回到运动员时期的生活秩序,也不是一种固定的静止的状态,而是一个不断变化、完善到圆满的过程,这既是他们适应时代变化主动的选择和调整,也是他们对理想的生活、美好的生活、幸福的人生不断追求的过程。生活秩序的重建过程在社会变迁视阈中将不断产生新的问题,新的问题也将在社会变迁中持续获得解决,这是社会变迁与运动员生活秩序重建的内在互动逻辑。

从社会变迁视阈下运动员生活秩序的重建过程来看,运动员的选拔、培养、退役安置、择业是一个系统工程,在各个阶段配套完善的制度、政策和设施的同时,要把加强运动员的技能培养与社会适应能力培养,人生观、价值观、理想信念教育结合起来,使退役运动员在复杂多变的社会里能够主导自己的命运,以自己的体育特长为基础,在服务社会、服务人民的同时,享受幸福、美好的人生。

本研究从运动员个体的角度,通过叙述运动员在退役过程及退役生活中的所思、所想、所做,展示运动员生活的"全景",让运动员群体不再呈现以往社会视野中"运动"的简单形象,而呈现为日常生活状态中丰满的"个体",实现了对运动员群体社会生活的历史建构。本研究探讨了社会变迁对运动员生活秩序的影响,改变了目前运动员生活研究的单一呈现,构建起完整的运动员生活史形态。在此基础上,本研究通过对运动员生活史的研究,拓宽了现代生活史的研究范围,丰富了现代社会生活史的研究内容,希望由此能为新中国史研究提供有价值的研究参考,推动新中国史研究的发展与丰富,从而为新时期中国体育发展战略的制定提供理论支持,进而推动武术在世界范围内更好地开展,推动中国传统体育文化在世界范围内的传播与发展,推动中国建设世界体育强国目标的早日实现。

附　录

附表1　山西省体育事业费历年执行情况(1949—1990)(单位:万元)

	合计	省级	地、市、区、县级
总计	30 156.6	13 301.5	16 855.1
1949—1957 年	179.2	154.2	25.0
1958—1962 年	1 060.5	825.7	234.8
1963—1965 年	598.8	402.1	196.7
1966—1970 年	827.7	445.1	382.6
其中 1970 年	103.1	48.3	54.8
1971—1975 年	1 745.5	683.3	1 062.2
其中 1975 年	490.0	209.4	280.6
1976—1980 年	3 221.8	1 610.4	1 611.4
1976 年	479.2	214.4	264.8
1977 年	522.2	228.8	293.4
1978 年	673.4	315.5	357.9
1979 年	774.4	433.0	341.4
1980 年	772.6	418.7	353.9
1981—1985 年	6 434.7	3 019.0	3 415.7
1981 年	823.4	457.3	366.1
1982 年	1 068.8	502.9	565.9
1983 年	1 138.1	569.5	568.6

续 表

	合计	省级	地、市、区、县级
1984 年	1 479.0	669.1	809.9
1985 年	1 925.4	820.2	1 105.2
1986—1990 年	16 088.4	6 161.7	9 926.7
1986 年	2 476.4	1 018.2	1 458.2
1987 年	2 327.2	1 051.7	1 275.5
1988 年	3 179.1	1 252.2	1 926.9
1989 年	3 587.9	1 317.0	2 270.9
1990 年	4 517.8	1 522.6	2 995.2

资料来源:《山西通志·体育志(第四十二卷)》,中华书局,1995 年,第 448—449 页。

附表 2　1991—1995 年山西省体育事业经费执行情况(单位:万元)

年份		1991	1992	1993	1994	1995
省级	体育竞技费	36.82	142.20	254.55	345.94	172.71
	优秀运动员	850.95	1 150.17	1 142.82	1 786.14	2 261.45
	群众体育	283.75	396.89	120.99	75.79	43.54
	体育学校	208.49	219.98	204.32	303.93	309.82
	体育场馆	118.93	26.00	68.10	83.76	195.63
	其他	442.17	483.81	747.19	409.94	932.15
	小计	2 272.46	2 419.04	2 537.96	3 005.50	3 915.31
市县		2 587.54	2 560.96	2 530.04	2 666.50	2 693.69
基建投资		1 158.00	1 642.00	1 542.00	1 001.00	2 247.00
合计		4 860.00	4 980.00	5 068.00	5 672.00	6 609.00

资料来源:《山西省志·体育志》,中华书局,2014 年,第 923 页。

附表3 1996—2000年山西省体育事业经费执行情况（单位：万元）

年份		1996	1997	1998	1999	2000
省级	体育竞技费	177.76	342.5	442	145	160
	优秀运动员	3 248.03	2 650.75	2 935	3 161	3 442
	群众体育	14.15	29.14	70	58	80
	体育学校	391.92	336.45	506	795	806
	体育场馆	356.97	309.95	566	429	460
	其他	1 338.21	1 006.21	1 252	1 286	2 386
	小计	5 527.35	4 675	5 270	5 061	8 505.6
市县		2 768.65	4 821	7 628	6 336	4 740.4
基建投资		1 396	1 670	382	119	168
合计		8 314	9 496	12 898	11 397	13 246

资料来源：《山西省志·体育志》，中华书局，2014年，第923—924页。

附表4 2001—2005年山西省体育事业经费执行情况（单位：万元）

年份		2001	2002	2003	2004	2005
省级	体育竞技费	140	40	82.73	32.1	206
	优秀运动员	5 078	4 471.62	4 917.67	6 152.15	8 913.9
	群众体育	87	86.2	16.6	47.36	
	体育学校	682	475.72	1 238.21	1 349.82	1 934.9
	体育场馆	609	487	845.93	652.29	748.32
	其他	2 093	2 081	2 391.17	3 760	3 500.6
	小计	9 258	8 687.77	10 723.29	14 479.9	17 057
市级		8 053	10 438.9	18 700.31	46 011.1	29 853
基建投资		94	853.4	4 730	8 569	8 185
合计		17 311	19 126.7	29 423.6	60 491	46 910

资料来源：《山西省志·体育志》，中华书局，2014年，第924页。

附表5 山西省武术运动队退役后的基本职业分布(1982—2006)

姓名	运动员在役时间	职业
王冬莲	1974—1985	国家武术运动管理中心社会部
栗小平	1974—1986	武术教学
陈凤萍	1975—1986	北京市人事局
李莉	1975—1983	山西省武术运动管理中心副主任
王爱珍	1977—1988	上海武术运动管理中心训练科长
胡增平	1975—1982	打工
郑文华	1975—1982	留洋
李天媛	1983—1994	日本
文喜太	1977—1986	私企
马威	1974—1987	
李天宇	1981—1986	
张军平	1978—1988	山西省武术运动管理中心副主任
原文庆	1976—1998	上海武术运动管理中心教练副主任
刘建平	1975—1984	山西体育局后勤中心
韩丽云	1983—1988	上海体育学院武术系教师
何军	1983—1994	新加坡
孙孝国	1983—1994	山西游泳运动管理中心副主任
程锁	1986—1994	拍电视
马志刚	1984—1988	上海闵行区评教
孟庆林	1988—1994	临汾武术学校教练
李冬凤	1984—1994	打工
李艳荣	1984—1998	首都体育学院武术教练
田晓慧	1984—1998	山西省武术运动管理中心教练
张虹	1990—1996	乐山体校武术教练
康任侠	1988—2002	中北大学体育学院教师
张海军	1984—1996	山西体育局青少部副主任

续 表

姓名	运动员在役时间	职业
田映红	1984—1994	山西省武术运动管理中心训练科
袁新东	1992—2006	山西省武术运动管理中心教练
罗俊伟	1988—2006	山西省武术运动管理中心教练
王建国	1988—2006	太原理工大学体育学院教师
赵振国	1981—1984	武警转业
汪波	1981—1984	太原钢铁公司公安处
徐存科	1980—1984	去世
刘玉福	1980—1984	山西体育职业技术学院教师
郭曾	1980—1984	去世
金建立	1982—1986	太原市公安局特警队队长
牛飞	1983—1987	前卫体工队副队长
李东方	1994—1998	
陈锋良	1994—2001	山西省武术运动管理中心办公室
赵刚	1994—2001	山西省武术运动管理中心训练科
黄刀良	1994—1998	
聂运平	1995—2001	

资料来源：数据根据山西省武术运动管理中心的相关档案整理形成，其中有五名运动员退役后的生活情况缺乏相关资料记载，经多方调查，亦未能获得相关旁证材料，因此五人确系在此期间退役，故将其列入表中，但退役后职业情况空缺。

附表6　北京市三次职业声望调查比较

排名	1985 年的职业	1990 年的职业	1997 年的职业
1	教授	作家	科学家
2	经济学家	教授	大学教授
3	画家	工程师	工程师
4	作家	物理学家	物理学家
5	律师	医生	医生

续 表

排名	1985年的职业	1990年的职业	1997年的职业
6	物理学家	大学教师	经济学家
7	记者	画家	社会学家
8	医生	律师	法官
9	导演	民航飞行员	飞行员
10	大学教授	经济学家	检察官
11	工程师	记者	律师
12	播音员	播音员	建筑师
13	飞行员	农学家	军官
14	运动员	导演	大学普通教师
15	国营企业厂长	运动员	银行行长
16	农学家	国营企业厂长	翻译
17	民主党派负责人	导游	音乐家
18	海关工作人员	民主党派负责人	作家
19	影视演员	空中小组	画家
20	导游	海关工作人员	教练员

资料来源：杨继绳：《中国当代社会阶层分析》，江西高校出版社，2011年，第107页。

附表7　1997年北京市职业声望调查表

排序	职业	声望分值	排序	职业	声望分值
1	科学家	88.95	9	飞行员	76.84
2	大学教授	86.37	10	检察官	76.82
3	工程师	82.97	11	律师	76.58
4	物理学家	81.94	12	建筑师	74.96
5	医生	79.98	13	军官	74.95
6	经济学家	79.23	14	大学普通教师	74.94
7	社会学家	78.57	15	银行行长	74.47
8	法官	78.25	16	翻译	73.4

续 表

排序	职业	声望分值	排序	职业	声望分值
17	音乐家	72.74	24	电台播音员	70.39
18	作家	72.27	25	运动员	69.27
19	画家	71.45	26	国家机关局长	69.19
20	教练员	71.33	27	公司董事长	68.71
21	记者	71.22	28	导演	68.44
22	编辑	71	29	小学教师	68.31
23	电视节目主持人	70.64	30	服装设计师	67.39

资料来源:杨继绳:《中国当代社会阶层分析》,江西高校出版社,2011年,第109页。

附表8 深圳市20种职业声望排名

排名	职业	平均得分	标准差
1	科学家	87.2431	15.016
2	大学教授	83.1534	14.2239
3	中小学教师	77.6406	15.2096
4	网络工程师	77.5818	15.3647
5	画家	77.302	16.6412
6	律师	77.2629	17.759
7	建筑师	77.1341	16.1077
8	医生	76.788	18.8019
9	飞行员	76.6154	17.4133
10	翻译	76.59	30.3747
11	音乐家	76.1882	16.0534
12	大学一般教师	76.0569	14.7715
13	幼儿教师	75.6022	15.237
14	作家	75.4523	17.0916
15	电气工程师	75.1889	15.237
16	经济师	74.9922	16.3996

续 表

排名	职业	平均得分	标准差
17	法官	74.8454	18.7373
18	软件开发人员	74.7377	16.7843
19	运动员	74.6045	16.7392
20	检查官	74.3553	18.6035

资料来源:《深圳风采周刊》,1998年7月6日。

附表9 中国城市居民职业声望量表

排序	职业	声望	标准差	排序	职业	声望	标准差
1	市长	92.9	13.71	19	国有大中型企业厂长经理	81.3	16.43
2	政府部长	91.4	13.85	20	投资公司经理	81.1	15.79
3	大学教授	90.1	13.39	21	歌唱演员	80.1	19.51
4	电脑网络工程师	88.6	14.08	22	编辑	79.7	14.33
5	法官	88.3	13.94	23	播音员	79.5	15.83
6	检察官	87.6	13.9	24	银行职员	79.1	14.85
7	律师	86.6	13.39	25	私营企业家	78.6	16.24
8	高科技企业工程师	85.8	13.5	26	影视剧演员	78.2	19.53
9	党政机关领导干部	85.7	16.6	27	空中小组	78	15.87
10	自然科学家	85.3	15.12	28	工商管理人员	77.3	15.41
11	翻译	84.9	14.62	29	电脑系统管理人员	77.2	15.73
12	税务管理人员	84.9	16.15	30	国立中小学教师	77.1	14.38
13	社会科学家	83.9	16.26	31	广告设计师	76.7	14.02
14	医生	83.7	14.38	32	警察	76.2	18
15	计算机软件设计师	83.6	15.77	33	机械工程师	76	14.29
16	作家	82.5	16.22	34	国有小企业厂长	75.9	16.11
17	记者	81.6	15.67	35	运动员	74.7	17.09
18	房地产经营开发商	81.5	15.72	36	大企业会计	73.4	14.54

续 表

排序	职业	声望	标准差	排序	职业	声望	标准差
37	党政机关一般干部	73.3	15.24	39	证券公司职员	72.4	14.75
38	私营高科技企业雇员	73.3	15.57	40	导游	71.7	14.1

资料来源：许欣欣：《从职业评价与择业取向看中国社会结构变迁》，《社会学研究》，2000年第3期，第68—69页。

附表10　山西省武术队教练员运动员获奖情况(1978—1989)

项目	姓名	时间	授奖单位	表彰称号
武术	庞林太	1978	省革委	记一等功一次
		1979	省体委	记一等功一次
		1988	全国劳动竞赛委员会	全国劳动模范
		1990	省劳动竞赛委员会	记一等功一次
	原鸿佑	1986	省体委直属机关党委	优秀党员
	席跃祖	1979	省体委	记二等功
	栗小平	1979	省体委	记一等功一次
		1983	省体委	五运会得金牌颁奖状
	文喜太	1983	省体委	五运会得金牌颁奖状
	王冬莲	1979	省体委	记一等功一次
		1985	省体委直属团委	优秀团员
	胡旭春	1985	省体委直属团委	优秀团员
	原文庆	1987	省体委	最佳优秀运动员
		1988	省体委	最佳优秀运动员
		1989	省体委	最佳优秀运动员
		1990	省体委	十佳运动员
		1988	省劳动竞赛委员会	记特等功一次
		1990	省劳动竞赛委员会	记一等功一次
		1988	团省委	省新长征突击手
		1988	团中央	全国新长征突击手

续 表

项目	姓名	时间	授奖单位	表彰称号
	王爱珍	1987	省体委	最佳优秀运动员
		1988	省妇联	省"三八"红旗手
	李莉	1979	省体委	记一等功一次
	陈凤萍	1979	省体委	记一等功一次
	马威	1979	省体委	记二等功
	张玲妹	1979	省体委	记二等功
		1987	省体委直属机关党委	优秀党员
		1982	国家体委	中华人民共和国体育运动三级奖章
		1983		
		1988		
		1988	山西省妇联	省"三八"红旗手
		1989	山西省直党委	省优秀共产党员
		1989.4	国家体委	全国优秀运动队思想政治工作"先进个人"
		1988	国家体委	武术恭喜奖
		1987	省体委	荣立一等功

资料来源：张日申、王斌海：《山西体工队史》，山西省体工队，1993年，第343页。

附表11 山西省武术运动员出访表演一览表(1960—1990)

姓名	性别	职务	项目	出访时间	出访国家和地区	任务
张玲妹	女	运动员	武术	1960年7月	捷克	表演
武元梅	女	运动员	武术	1960年12月	缅甸	表演
张玲妹	女	运动员	武术	1974年	墨西哥、加拿大、美国	表演
孟耿成	男	运动员	武术	1974年8月	日本	表演
贾慧卿	女	运动员	武术	1975年10月	埃及、土耳其、突尼斯、阿尔及利亚、摩洛哥、毛里塔尼亚	表演

续 表

姓名	性别	职务	项目	出访时间	出访国家和地区	任务
魏素英	女	运动员	武术	1975年10月		表演
张玲妹	女	运动员	武术	1975年5月	土耳其、英国	表演
孟耿成	男	运动员	武术	1975年5月	土耳其、英国	表演
张玲妹	女	运动员	武术	1976年11月	越南	表演
王冬莲	女	运动员	武术	1976年11月	越南	表演
巩铁练	男	运动员	武术	1976年11月	越南	表演
魏补全	男	运动员	武术	1976年11月	越南	表演
贾承让	男	大寨大队长,副团长	武术	1976年11月	越南	率团访问
贾保胜	男	运动员	武术	1976年11月	越南	表演
高成良	男	运动员	武术	1976年11月	越南	表演
郭彦海	男	运动员	武术	1976年11月	越南	表演
贾斌斌	男	运动员	武术	1976年11月	越南	表演
赵宝莲	女	运动员	武术	1976年11月	越南	表演
贾喜娥	女	运动员	武术	1976年11月	越南	表演
贾小平	女	运动员	武术	1976年11月	越南	表演
石英籽	女	运动员	武术	1976年11月	越南	表演
李巧玲	女	运动员	武术	1977年2月	赤道几内亚、多哥、尼日利亚	表演
孟耿成	男	运动员	武术	1977年5月	丹麦、挪威	表演
巩铁练	男	运动员	武术	1977年5月	丹麦、挪威	表演
贾慧卿	女	运动员	武术	1977年5月	丹麦、挪威	表演
魏素英	女	运动员	武术	1977年9月	日本、澳大利亚	表演
魏补全	男	运动员	武术	1977年9月	日本、澳大利亚	表演
王亮	男	团长	武术	1977年5月	日本、澳大利亚	率团访问

续表

姓名	性别	职务	项目	出访时间	出访国家和地区	任务
刘杰	男	团长	武术	1979年3月	马耳他	率团访问
郑建州	男	团长	武术	1979年3月	马耳他	访问
张希贵	男	教练	武术	1979年3月	马耳他	表演
魏补全	男	运动员	武术	1979年3月	马耳他	表演
巩铁练	男	运动员	武术	1979年3月	马耳他	表演
孟耿成	男	运动员	武术	1979年3月	马耳他	表演
李巧玲	女	运动员	武术	1979年3月	马耳他	表演
陈凤萍	女	运动员	武术	1979年3月	马耳他	表演
王冬莲	女	运动员	武术	1979年3月	马耳他	表演
栗小平	女	运动员	武术	1979年3月	马耳他	表演
庞林太	男	教练	武术	1980年7月	日本	表演
王冬莲	女	运动员	武术	1980年7月	日本	表演
栗小平	女	运动员	武术	1980年7月	日本	表演
陈凤萍	女	运动员	武术	1980年7月	日本	表演
郭六登	男	运动员	硬气功	1981年3月	英国、法国、荷兰、卢森堡、西德、比利时	表演
关思普	男	运动员	硬气功	1981年3月	英国、法国、荷兰、卢森堡、西德、比利时	表演
王冬莲	女	运动员	武术	1981年3月	英国、法国、荷兰、卢森堡、西德、比利时	表演
栗小平	女	运动员	武术	1981年3月	英国、法国、荷兰、卢森堡、西德、比利时	表演
陈凤萍	女	运动员	武术	1981年3月	英国、法国、荷兰、卢森堡、西德、比利时	表演
马威	男	运动员	武术	1982年4月	日本	表演
原文庆	男	运动员	武术	1982年4月	日本	表演

续 表

姓名	性别	职务	项目	出访时间	出访国家和地区	任务
杨卫民	男	运动员	武术	1982年4月	日本	表演
庞林太	男	教练	武术	1982年4月	阿拉伯酋长国	表演
马威	男	运动员	武术	1984年4月	阿拉伯酋长国	表演
原文庆	男	运动员	武术	1982年4月	阿拉伯酋长国	表演
文喜太	男	运动员	武术	1982年4月	阿拉伯酋长国	表演
王冬莲	女	运动员	武术	1982年4月	阿拉伯酋长国	表演
栗小平	女	运动员	武术	1982年4月	阿拉伯酋长国	表演
陈凤萍	女	运动员	武术	1982年4月	阿拉伯酋长国	表演
王爱珍	女	运动员	武术	1982年4月	阿拉伯酋长国	表演
张玲妹	女	教练	武术	1982年4月	阿拉伯酋长国	表演
张玲妹	女	教练	武术	1987年7月	墨西哥	表演
原文庆	男	运动员	武术	1987年7月	墨西哥	表演
文喜太	男	运动员	武术	1987年7月	墨西哥	表演
马威	男	运动员	武术	1987年7月	墨西哥	表演
王爱珍	女	运动员	武术	1987年7月	墨西哥	表演
陈凤萍	女	运动员	武术	1987年7月	墨西哥	表演
庞林太	男	教练	武术	1985年10月	中国香港	表演
张军平	男	运动员	武术	1985年10月	中国香港	表演
原文庆	男	运动员	武术	1985年10月	中国香港	表演
胡旭春	男	运动员	武术	1985年10月	中国香港	表演
原文庆	男	运动员	武术	1986年8月	中国香港	表演
王爱珍	女	运动员	武术	1986年8月	中国香港	表演
陈凤萍	女	运动员	武术	1986年8月	中国香港	表演
胡增平	女	运动员	武术	1986年8月	中国香港	表演
原文庆	男	运动员	武术	1987年	澳大利亚	表演

续　表

姓名	性别	职务	项目	出访时间	出访国家和地区	任务
王爱珍	女	运动员	武术	1988 年	德国	表演
刘玉福	男	运动员	武术	1989 年 5 月	意大利	表演
王爱珍	女	运动员	武术	1990 年 9 月	日本	表演

资料来源：《山西通志·体育志（第四十二卷）》，中华书局，1995 年，第 364—366 页。

参考文献

档案资料

【1】《关于优秀运动员、专职教练员和其他人员伙食标准的规定》,(85)体计计字464号,1985年12月9日国家体委、财政部、商业部发布。山西省体育局档案室藏。

【2】国家体委:《优秀运动队试行工作条例》,1981年6月20日。山西省体育局档案室藏。

【3】国家体委:《运动队伍工作条例(草案)》,1963年3月31日。山西省体育局档案室藏。

【4】国家体委:《国家体委关于优秀运动队建设的几个问题》,1980年3月12日。山西省体育局档案室藏。

【5】《国家体委关于加速提高体育运动技术水平的几个问题的请求报告》,经国务院批准,国家体委1980年3月28日下发。山西省体育局档案室藏。

【6】《国家体委关于一九五八年体育工作的通知》,(58)体办字第4号,1958年1月20日。山西省体育局档案室藏。

【7】《国家体委、财政部、商业部关于保证优秀运动员、专职教练员伙食标准的通知》,(81)体计计字276号,1981年8月6日。山西省体育局档案室藏。

【8】《国家体委、国家劳动总局、财政部关于恢复优秀运动员运动技术补贴试行办法的请示》,1978年10月27日。山西省体育局档案室藏。

【9】《国家体委、财政部关于优秀运动员、教练员的运动服装(专用服装)发放标准及其管理办法的暂行规定》,(79)体计器字06号,(79)体财事字30号,1979年2月21日。山西省体育局档案室藏。

【10】《国家体委关于体育事业单位优秀运动员、教练员和其他人员因公伤致残、评定残废等级的通知》,(78)体政字691号,1978年12月18日。山西省体育局档案室藏。

【11】《国家体委、国家教委关于著名优秀运动员上大学有关事宜的通知》,(86)体干字1241号,1987年1月3日。山西省体育局档案室藏。

【12】《国家体委关于试行运动队伍工作条例(草案)的通知》,(63)体办字13号,

1963年3月31日。山西省体育局档案室藏。
【13】胡耀邦:《在共青团中央军体工作会议上的讲话》,1960年1月21日。山西省体育局档案室藏。
【14】《劳动部、财政部、国家体委关于优秀运动员运动技术补贴控制指标的通知》,1963年12月2日。山西省体育局档案室藏。
【15】《山西省人事厅、山西省体育运动委员会关于体育运动员退役分配后确定工资的通知》,晋人工字(1997)59号,1997年4月12日。山西省体育局档案室藏。
【16】《山西省体育局优秀运动员留任教练员暂行管理办法》,晋体人[2003]22号,2003年11月26日。山西省体育局档案室藏。
【17】《一九六一年全国体育工作会议报告》,国家体委1962年3月19日下发。山西省体育局档案室藏。
【18】《一九六二年全国体育工作会议报告》,此件经中央宣传部同意,国家体委1963年3月12日下发。山西省体育局档案室藏。
【19】《优秀运动员运动技术补贴试行办法》国务院1963年10月4日国秘字658号文件批准,国家体委、劳动部、财政部1963年11月8日联合颁发。山西省体育局档案室藏。
【20】《运动员退役费实施办法》,(86)体干字1133号,本办法经国务院批准,1986年11月6日国家体委、劳动人事部、财政部发布。山西省体育局档案室藏。
【21】《中央体委党组关于加强人民体育运动工作的报告》,1953年11月17日。山西省体育局档案室藏。
【22】《中共中央批发中央体委党组关于召开全国体育工作会议的报告》,1955年4月12日。山西省体育局档案室藏。
【23】《中央体委党组关于加强人民体育运动工作的报告》,1953年11月17日。山西省体育局档案室藏。

口述史资料

【1】康任侠为本研究提供:《康任侠自述》,2014年9月21日。
【2】韩丽云为本研究提供:《韩丽云自述》,2015年2月18日。
【3】丁永康为本研究提供:《丁永康自述》,2016年4月19日。
【4】采访罗俊伟,采访者田文波,2015年3月6日,地点:山西省武术运动管理中心。
【5】采访田晓慧,采访者田文波,2015年3月6日,地点:山西省武术运动管理中心。
【6】采访李莉,采访者田文波,2015年3月8日,地点:山西省武术运动管理中心。
【7】采访张军平,采访者田文波,2015年3月9日,地点:山西省武术运动管理中心。

【8】采访袁新东,采访者田文波,2015 年 3 月 11 日,地点:山西省武术运动管理中心。

【9】采访张希贵,采访者田文波,2015 年 3 月 12 日,地点:张希贵寓所。

【10】采访郝全成,采访者田文波,2016 年 5 月 17 日,地点:山西省自行车击剑运动管理中心。

【11】采访程鑫柱,采访者田文波,2016 年 5 月 17 日,地点:山西省自行车击剑运动管理中心。

【12】采访张建丽,采访者田文波,2016 年 5 月 18 日,地点:山西省自行车击剑运动管理中心。

【13】采访吴增仁,采访者田文波,2016 年 5 月 19 日,地点:山西省体育竞赛管理中心。

【14】采访张小波,采访者田文波,2016 年 5 月 21 日,地点:山西省自行车击剑运动管理中心。

专著

【1】常建华:《社会生活的历史学》,北京师范大学出版社,2004 年。

【2】陈映芳:《"青年"与中国的社会变迁》,社会科学文献出版社,2007 年。

【3】陈赟:《现时代的精神生活》,新星出版社,2008 年。

【4】戴国斌:《武术:身体的文化》,人民体育出版社,2011 年。

【5】郭于华:《倾听底层》,广西师范大学出版社,2011 年。

【6】郎净:《近代体育在上海(1840—1937)》,上海社会科学院出版社,2006 年。

【7】李强主编:《中国社会变迁 30 年(1978—2008)》,社会科学文献出版社,2008 年。

【8】李向平、魏扬波:《口述史研究方法》,上海人民出版社,2010 年。

【9】李恒城:《云冈石窟与北魏时代》,山西科学技术出版社,2005 年。

【10】李友梅、黄晓春、张虎祥等:《从弥散到秩序:"制度与生活"视野下的中国社会变迁》,中国大百科全书出版社,2011 年。

【11】李友梅等:《社会的生产:1978 年以来的中国社会变迁》,上海人民出版社,2008 年。

【12】林毅、张亮杰:《新中国阶级阶层社会结构演变历程》,世界知识出版社,2011 年。

【13】刘建军:《单位中国——社会调控体系重构中的个人、组织与国家》,天津人民出版社,2000 年。

【14】刘青等:《竞技体育管理方式——西部的路径与选择》,人民体育出版社,2007 年。

【15】仇军:《西方体育社会学:理论、视点与方法》,清华大学出版社,2010 年。

【16】山西省地方志办公室编:《山西省志·体育志》,中华书局,2014 年。

【17】山西省地方志编纂委员会编:《山西通志·体育志(第四十二卷)》,中华书

局,1995年。
- 【18】王晴佳:《新史学讲演录》,中国人民大学出版社,2010年。
- 【19】王武年:《中国运动员人力资本投资及其产权制度研究》,江苏大学出版社,2011年。
- 【20】王先明:《走向社会的历史学——社会史理论问题研究》,河南大学出版社,2010年。
- 【21】吴秀峰、孙石轩著:《形意拳发展史略》,山西人民出版社,2008年
- 【22】谢立中:《走向多元话语分析:后现代思潮的社会学意涵》,中国人民大学出版社,2009年。
- 【23】忻平:《全息史观与近代城市社会生活》,复旦大学出版社,2009年。
- 【24】严昌洪:《20世纪中国社会生活变迁史》,人民出版社,2007年。
- 【25】阎云翔、陆洋等译:《中国社会的个体化》,上海译文出版社,2012年。
- 【26】杨继绳:《中国当代社会阶层分析》,江西高校出版社,2011年。
- 【27】杨祥全:《现代武术史》,长江出版社,2011年。
- 【28】应奇、刘训练主编,郭忠华、刘训练编:《公民身份与社会阶级》,江苏人民出版社,2007年。
- 【29】翟学伟:《中国人的关系原理:时空秩序、生活欲念及其流变》,北京大学出版社,2011年。
- 【30】张日申、王斌海:《山西体工队史》,山西省体工队,1993年。
- 【31】中国大百科全书编辑委员会:《中国大百科全书·体育》,中国大百科全书出版社,1982年。
- 【32】尊我斋主人:《少林拳术秘诀》,山西科学技术出版社,2009年。

外文译著

- 【1】彼得·什托姆普卡:《社会变迁的社会学》,林聚任等译,北京大学出版社,2011年。
- 【2】戴维·格伦斯基编:《社会分层》,王俊等译,华夏出版社,2005年。
- 【3】菲利浦·阿利埃斯、乔治·杜比主编:《私人生活史:现代社会中的身份之谜》,宋薇薇、刘琳译,北方文艺出版社,2009年。
- 【4】贺美德、鲁纳编著:《"自我"中国:现代中国社会中个体的崛起》,许烨芳等译,上海译文出版社,2011年。
- 【5】杰拉德·德兰迪、恩斯·伊辛主编:《历史社会学手册》,李霞、李恭忠译,中国人民大学出版社,2009年。
- 【6】约翰·奥尼尔:《身体五态》,李康译,北京大学出版社,2010年。
- 【7】琼斯·费边:《冲突》,冯丽译,华夏出版社,2011年。
- 【8】约恩·吕森:《历史思考的新途径》,綦甲福、来炯译,上海人民出版社,2005年。
- 【9】林·亨特:《新文化史》,姜进译,华东师范大学出版社,2011年。

【10】拉尔夫·林顿:《人格的文化背景》,于闽梅、陈学晶译,广西师范大学出版社,2007年。

【11】麦茨·埃尔弗森:《后现代主义与社会研究》,甘会斌译,上海人民出版社,2011年。

【12】米格尔·卡夫雷拉、玛丽·麦克马洪英:《后社会史初探》,李康译,北京大学出版社,2008年。

【13】奥维·洛夫格伦、乔纳森·弗雷格曼:《美好生活:中产阶级的生活史》,赵丙祥、罗扬等译,北京大学出版社,2011年。

【14】彼得·伯克:《历史学与社会理论》,姚朋、周玉鹏、胡秋红、吴修申译,刘北成修订,上海人民出版社,2010年。

【15】热瓦尔·努瓦利耶:《社会历史学导论》,王鲲译,上海人民出版社,2009年。

【16】保罗·霍普:《个人主义时代之共同体重建》,沈毅译,浙江大学出版社,2010年版。

【17】罗斯玛丽·克朗普顿:《阶级与分层》,陈光金译,复旦大学出版社,2011年。

【18】乌尔里希·贝克、伊利莎白·贝克-格雷斯海姆:《个体化》,李荣山、范譞、张惠强译,北京大学出版社,2011年。

【19】威廉·乌斯怀特、拉里·雷:《大转型的社会理论》,吕鹏等译,北京大学出版社,2011年。

【20】伊恩·伯基特:《社会性自我》,李康译,北京大学出版社,2012年。

【21】詹姆斯·皮科克:《人类学透境》,汪丽华译,北京大学出版社,2009年。

报纸

【1】《北京保镖调查:武艺高强素质全面》,《北京晨报》2005年11月30日。

【2】《搏击教官杜振高:废墟上站起的"搏击王"》,《解放军报》2010年6月9日。

【3】关彬:《获金牌最多的小将——记山西武术新手王冬莲》,《体育报》1979年12月3日。

【4】关彬:《体育活动要为生产和国防建设服务,省体委、省军区联合召开全省体育工作会议》,《山西日报》1962年1月18日。

【5】景永魁:《山西运动员集训食堂努力改进伙食》,《体育报》1977年11月28日。

【6】金凯:《你还好吗?曾靠搓澡谋生的举重冠军》,《新文化报》2015年1月1日。

【7】《紧抓思想革命,促进体育运动,四届省运会筹委会确定参加全运项目和省运会等事项》,《山西日报》1965年3月15日。

【8】李传报:《大连传奇武术世家,传承祖训七代传人不辱武德》,《大连晚报》2015年3月23日。

【9】李春耕:《功夫在"神奇"之外——与省武术队总教练庞林太零距离接触》,《山西日报》2005年12月21日。

【10】李春耕、王玉宾:《袁晓超归来吐真情——多哈亚运夺冠实不易》,《山西日报》2006年12月26日。
【11】李永平:《原文庆:痴痴奥运情》,《山西日报》2004年7月26日。
【12】李刚:《郭曾:平凡中显英雄本色》,《人民公安报》2009年7月23日。
【13】省体工会报道组:《普及与提高相结合,努力发展体育事业,全省体育工作会议在太原召开》,《山西日报》1978年3月19日。
【14】苏文、关彬:《大搞民兵建设,大办全民体育,全省民兵、体育工作会议在太原举行》,《山西日报》1959年3月26日。
【15】吴杰:《我的愿望:永远搏击——记中国武警特警学院搏击教研室主任杜振高》,《新华每日电讯》2003年7月5日。
【16】徐伟:《郭曾:迎着子弹冲向前》,《法制日报》2009年7月27日。
【17】徐英、关彬:《贺龙副总理接见山西体育界并做指示:依靠党的领导,做好体育工作,先当学生,后当先生,再当学生,再当先生》,《体育报》1958年10月23日。
【18】徐征、周畅:《为了"邹春兰"事件不再重演》,《广西日报》2014年11月24日。
【19】张兴翠:《英雄与懦夫》(上),《南方法治报》2012年2月8日。
【20】张兴翠:《英雄与懦夫》(中),《南方法治报》2012年2月12日。
【21】张兴翠:《英雄与懦夫》(下),《南方法治报》2012年2月13日。

期刊文章

【1】布秉全:《解放后在太谷举行的首次全省武术观摩会》,《山西体育文史》1986年总第6辑。
【2】编辑部:《山西体育文史》1989年总第12辑。
【3】陈婧:《冠军的背后》,《中国新时代》2011年第7期。
【4】陈林祥、李业武:《我国优秀运动员社会保障体系的研究》,《武汉体育学院学报》2002年第3期。
【5】陈林祥:《我国优秀运动员退役安置的现状及对策研究》,《体育科学》2004年第5期。
【6】陈美琴、李建民、余飞:《我国退役运动员就业难的原因及其教育对策》,《吉林体育学院学报》2011年第5期。
【7】陈盛甫:《武术在山西》,《山西体育文史》1982年总第2辑。
【8】东方亮:《山西队走过辉煌的25年》,《中华武术》2005年第6期。
【9】杜纪栋:《为运动员撑起一片天》,《中国社会保障》2007年第4期。
【10】杜梅:《中国香港精英运动员退役的调整质量及对策》,《体育学刊》2008年第9期。
【11】范道芝、王智慧、汤明伟:《我国运动员退役安置研究》,《体育文化导刊》2011年第11期。
【12】符明秋、张锡萍:《我国优秀运动员的退役及其角色转换研究》,《北京体育大

学学报》2009 年第 1 期。

【13】龚维斌:《社会流动理想类型与国际经验》,《中国社会科学院研究生院学报》2003 年第 5 期。

【14】侯建新、龙秀清:《近二十年英国中世纪经济—社会史研究的新动向》,《历史研究》2011 年第 5 期。

【15】黄美好、胡列松、赖晓红、李祯、傅红、蔡进镇:《退役运动员职业转换过渡期职业教育与技能培训形式的探讨》,《浙江体育科学》2010 年第 5 期。

【16】黄志剑、卢骏:《国外优秀运动员退役后的角色转换:理论与实践》,《湖北体育科技》2003 年第 3 期。

【17】黄志剑、姒刚彦:《高水平运动员的退役准备与适应:一项定量研究》,《天津体育学院学报》2008 年第 5 期。

【18】胡全柱:《退役运动员社会排斥机制研究》,《天津体育学院学报》2008 年第 4 期。

【19】胡咏梅等:《退役运动员顺畅转型诱发因素及情商、职业倾向个性特征的研究》,《体育科学》2010 年第 6 期。

【20】娇皎、周文军:《构建政策性退役运动员从政培训体系》,《广州体育学院学报》2011 年第 5 期。

【21】蒋兴宏、王宇颖、张淑华、方华:《退役运动员安置现状的调查与反思》,《沈阳体育学院学报》2005 年第 2 期。

【22】景永魁:《山西体育机构、人事之沿革(一)》,《山西体育文史》1986 年总第 6 辑。

【23】匡梨飞、龚卉:《我国优秀运动员社会多角色转换研究》,《赤峰学院学报》2011 年第 8 期。

【24】兰保森、侯会生:《我国退役待安置运动员的安置途径探析》,《成都体育学院学报》2010 年第 9 期。

【25】兰政、祁丽:《高校建立退役运动员职业转换培训基地的思考》,《西南农业大学学报(社会科学版)》2012 年第 1 期。

【26】鲁夫:《庞林太当家做了主》,《中华武术》1998 年第 8 期。

【27】黎君:《退役运动员的心理障碍及对策》,《社会心理科学》1999 年第 1 期。

【28】李爱国:《我国运动员运动生涯规划探索》,《湖北体育科技》2011 年第 3 期。

【29】李大伟:《退役运动员生存状况调查》,《人力资源》2009 年第 5 期。

【30】李和标:《运动员再就业"难"的探讨》,《长江大学学报(社会科学版)》2011 年第 5 期。

【31】李琳瑞、刘峥:《退役运动员安置政策的演进研究》,《北京体育大学学报》,2011 年第 2 期。

【32】李培林:《社会流动与中国梦》,《经济导刊》2005 年第 3 期。

【33】李小婉:《我国竞技运动员社会流动分析》,《湖北体育科技》2011 年第 1 期。

【34】李燕荣:《我国退役运动员职业转换模式剖析》,《商业时代》2011 年第

36 期。

【35】李俊温:《武术王子原文庆》,《沧桑》1999 年第 3 期。

【36】李春耕:《三晋好儿郎　武坛长青树:武术王子原文庆出山记》,《今日山西》1997 年第 6 期。

【37】练更生、阴志慧:《我国职业教育前景与退役运动员再就业问题探析》,《成都体育学院学报》2007 年第 2 期。

【38】刘凤婷:《构建我国运动员社会保障管理体制的法律制度思考》,《体育与科学》2006 年第 4 期。

【39】刘建:《我国退役运动员再就业资本的获得及资本性功能分析》,《中国体育科技》2012 年第 1 期。

【40】刘仁盛、张国海:《我国专业运动员退役安置现状及对策研究》,《北京体育大学学报》2009 年第 1 期。

【41】刘燕:《陕西省优秀运动员退役后直接生存资本获得现状调查与研究》,《体育世界》2011 年第 5 期。

【42】刘燕:《影响陕西省优秀运动员间接生存资本获得的因素分析》,《新西部》2011 年第 21 期。

【43】马超英:《武术奇葩栗小平》,《山西体育文史》1985 年总第 4 辑。

【44】马拥军:《生活哲学的对象和方法》,《哲学研究》2004 年第 5 期。

【45】马耀琪:《我国优秀运动员退役再就业的对策研究》,《北京体育大学学报》2009 年第 6 期。

【46】马兆明、王健:《基于择业价值取向的我国竞技体育人力资源利用率研究》,《成都体育学院学报》2011 年第 1 期。

【47】潘玉波:《运动员退役过早——我省中长跑亟待解决的问题》,《山东体育科技》1991 年第 2 期。

【48】庞建民:《转型期我国退役运动员就业形势与对策的分析与研究》,《安徽体育科技》,2012 年第 1 期。

【49】钱江:《通向武术高峰的道路——记优秀武术运动员栗小平》,《中华武术》1984 年第 4 期。

【50】任琳:《我国退役运动员就业心理问题的表现与调适研究》,《职业时空》2012 年第 12 期。

【51】石岩、刘勇、张卫民:《我国退役运动员出路问题初探》,《浙江体育科学》1989 年第 2 期。

【52】兰保森、侯会生:《我国退役待安置运动员的安置途径探析》,《成都体育学院学报》2010 年第 9 期。

【53】孙以煜:《武术家庞林太》,《沧桑》1995 年第 2 期。

【54】孙嘉择、张中印、李建民:《我国退役运动员就业困难的三大表现》,《体育科技文献通报》2011 年第 10 期。

【55】孙立海、刘金波:《我国优秀运动员退役的心理调整因素及角色转换研究》,

《湖北体育科技》2007年第3期。
- 【56】孙学、王清玉:《关于我国退役运动员安置论文的综述》,《体育科技文献通报》2011年第12期。
- 【57】田麦久、李斗魁、张蓉芳等:《我国优秀运动员退役安置情况及改进对策》,《北京体育学院学报》1993第1期。
- 【58】王峰:《完善我国运动员社会保障制度的思考》,《体育科学研究》,2011年第1期。
- 【59】王峰:《关于我国退役运动员继续教育问题的思考》,《四川体育科学》2003年第4期。
- 【60】王进、罗军:《美国、德国和澳大利亚三国职业技能培训特点及对我国退役运动员实施职业技能培训的启示》,《吉林体育学院学报》2010年第6期。
- 【61】王进:《运动员退役过程的心理定性分析:成功与失败的个案研究》,《心理学报》2008年第3期。
- 【62】王进:《我国运动员退役意识与心理状态的定量分析》,《心理学报》2008年第4期。
- 【63】王俪燕:《江苏省退役运动员就业管理模式与效果研究》,《甘肃联合大学学报(自然科学版)》2011年第5期。
- 【64】王宇英:《近年来口述史研究的热点审视及其态势》,《重庆社会科学》2011年第5期。
- 【65】韦军、玉丽东:《健康产业的发展趋势与退役运动员就业前景的思考》,《广西教育学院学报》2010年第4期。
- 【66】魏统朋、陈丽:《我国运动员退役问题研究评述》,《体育研究与教育》2012年第1期。
- 【67】文学民:《关于我国优秀运动员医疗保险的研究》,《商业经济》2005年第2期。
- 【68】文学民:《对我国优秀运动员伤残、医疗保险体系初步构建的研究》,《商业经济》2005年第3期。
- 【69】闻又文:《优秀运动员退役安置货币补偿实施办法的研究》,《武汉体育学院学报》2006年第6期。
- 【70】向运华:《苦涩的运动员保障》,《中国社会保障》2007年第8期。
- 【71】徐开春、刘建:《运动员职业转换过渡期制度研究》,《沈阳体育学院学报》2011年第6期。
- 【72】徐士韦等:《退役运动员安置研究》,《体育文化导刊》2009年第12期。
- 【73】许欣欣:《从职业评价与择业取向看中国社会结构变迁》,《社会学研究》2000年第3期。
- 【74】郁明明:《国外职业教育模式及相关研究对我国退役运动员职业培训的启示》,《体育世界》2011年第5期。
- 【75】易剑东:《武术为什么要进入奥运会?》,《搏击》2002年第1期。

【76】杨海利:《现行体制下我国退役运动员再就业问题研究》,《宿州学院学报》2011年第8期。

【77】杨红亮、张华:《关于构建退役运动员货币化安置效果评价指标体系的设想》,《湖北体育科技》2007年第3期。

【78】杨祥银:《当代美国口述史学的主流趋势》,《社会科学战线》2011年第2期。

【79】尹朝存:《我国运动员就业保障制度的缺陷及完善对策》,《当代经济》2007年第10期(上)。

【80】余红盈:《影响我国运动员过早退役的原因及对策研究》,《当代体育科技》2011年第1期。

【81】于善旭:《论公民体育权利的时代内涵》,《北京体育大学学报》1998年第4期。

【82】于文谦、李强、牛静、刘科:《转型时期竞技运动员的退役与继续教育问题——以辽宁省为例调查分析与研究》,《体育科学》2004年第7期。

【83】张保华:《我国可测量项目优秀运动员退役的年龄特征及退役致因的研究》,《体育科学》1996年第1期。

【84】张凤霞:《山西省优秀运动员社会保障就业现状的初步研究》,《成都体育学院学报》2002年第6期。

【85】张蕾:《河南省退役运动员再就业现状分析》,《体育文化导刊》2011年第8期。

【86】张玲玲、李恒江、陈炼:《论我国运动员的社会保障》,《武汉体育学院学报》,2006年第10期。

【87】张骑:《我国退役运动员人力资源的开发与利用》,《成都体育学院学报》2011年第4期。

【88】张星:《试论社会流动在社会稳定中的作用》,《前沿》,2004年第10期。

【89】张云龙:《武影双星原文庆》,《中华武术》1996年第12期。

【90】张运、蒋文倩:《"6·29"抢劫运钞案侦破始末》,《记者观察》1995年第9期。

【91】赵保强、王继强:《武术套路运动员退役就业安置存在的问题及影响因素的研究》,《军事体育进修学院学报》2011年第1期。

【92】赵品如:《小记原文庆》,《搏击》2009年第7期。

【93】赵锦榕:《我国优秀运动员退役的心理调整因素及对策》,《体育科技》2002年第2期。

【94】钟秉枢:《成绩资本和地位获得——我国优秀运动员群体社会流动的研究》,《体育科学》1998年第3期。

【95】周庆生:《从无情退役到有情安置:对退役运动员的人文关怀》,《山东体育学院学报》2005年第1期。

【96】周晓军:《江苏省退役运动员文化教育现状调查及对策研究》,《南京体育学院学报(自然科学版)》2010年第3期。

【97】朱培榜:《我国优秀运动员成功转型分析》,《体育文化导刊》2009年第

10 期。

【98】邹德新、刘建:《我国运动员社会保障制度的变迁与完善》,《首都体育学院学报》2010 年第 4 期。

【99】左玉河:《近年来的中国口述历史研究》,《中国科技史杂志》2009 年第 3 期。

博士学位论文:

【1】高强:《运动参与与个体社会化进程》,华东师范大学,2009 年。

【2】郭宇强:《我国职业结构变迁研究》,首都经济贸易大学,2007 年。

【3】康秀云:《20 世纪中国社会生活方式现代化问题研究》,东北师范大学,2006 年。

【4】李庆霞:《社会变迁中的文化冲突》,黑龙江大学,2004 年。

【5】刘长远:《全球一体化背景下文化价值观变迁研究》,上海外国语大学,2008 年。

【6】王润平:《当代中国家庭变迁中的文化传承问题》,吉林大学,2004 年。

【7】叶乔波:《退役运动员生存与发展理论实践研究》,中共中央党校,2007 年。

【8】周启杰:《历史:一种反思性的文化存在》,黑龙江大学,2004 年。

硕士学位论文

【1】巴玉峰:《我国公民体育权利的法学研究》,苏州大学,2006 年。

【2】高鹤:《运动员可持续生计资本的脆弱性与优化研究》,沈阳体育学院,2010 年。

【3】郭崇冰:《优秀散打运动员退役后就业安置现状研究》,上海体育学院,2010 年。

【4】何文尧:《运动员社会化过程中存在的问题及对策》,安徽大学,2006 年。

【5】焦万芹:《湖南省女性退役运动员社会流动研究》,湖南师范大学,2008 年。

【6】李财福:《沈阳市退役运动员生活满意度和社会支持的调查研究》,沈阳师范大学,2011 年。

【7】李卫红:《我国中部地区退役运动员就业安置现状与对策研究》,武汉体育学院,2007 年。

【8】李艳:《我国运动员社会保障体系的探析》,湖南师范大学,2010 年。

【9】刘琼:《湖南省退役运动员职业生涯管理模式研究》,湖南师范大学,2007 年。

【10】马国祥:《上海市退役运动员就业安置现状调查研究》,上海体育学院,2010 年。

【11】孙玉香:《论完善我国运动员人身伤害保险立法》,中南大学,2006 年。

【12】汪泳:《退役运动员保障政策之研究》,南京理工大学,2010 年。

【13】薛红卫:《中国职业运动员权利问题及其博弈分析》,北京体育大学,2003 年。

【14】闫静:《江苏省退役运动员再就业现状分析与对策研究》,扬州大学,2009 年。
【15】杨春伟:《转型期我国运动员社会保障问题研究》,河南大学,2008 年。
【16】姚小林:《退役运动员职业技能培训体系的研究》,武汉体育学院,2006 年。
【17】袁永清:《我国优秀运动员保障政策研究》,北京体育大学,2008 年。
【18】于萍:《我国退役运动员就业安置现状与对策研究》,北京体育大学,2010 年。
【19】郑继全:《辽宁省 2001 年—2009 年退役运动员就业安置方式探析》,西南大学,2010 年。
【20】朱红燕:《甘肃省武术套路专业运动员退役就业现状分析与对策研究》,北京体育大学,2008 年。

外文文献

【1】Blinde E. M., Greendorfer S. L., A Reconceptualization of the Process of Leaving the Role of Competitive Athlete. *International Review for Sociology of Sport*, no. 20(1985).

【2】Chartland J. M., Lent R. W., Sports Counseling: Enhancing the Development of the Student Athlete. *Journal of Counseling and Development*, no. 66(1987).

【3】Crook J. M., Robertson S. E., Transitions out of Elite Sport. *International Journal of Sport Psychology*, no. 22(1991).

【4】McPherson B. D., Retirement from Professional Sport: The Process and Problems of Occupational and Psyghological Adjustment. *Sociological Symposium*, no. 30(1980).

【5】Ogilvie B. C., *Career Crises in Sports*. In T. Orlick, J. T. Partington, J. H. Salmela(Eds.), *Proceedings of the Fifth Word Congress of Sport Psychology*. Ottawa: Coaching Association of Canada, 1982.

【6】Ogilvie B. C., Taylor J., *Career Termination Issues among Elite Athletes*. In Singer R. N. etc. (Eds.), *Handbook of Research on Sport Psychology*. New York: Macmillan Publishing Company, 1993.

【7】Pearson R. E., Petitpas A. J., Transitions of Athletes: Developmental and Preventive Perspectives. Journal of Counselling and Development, no. 69 (1990).

【8】Rosenberg E., *Gerontological Theory and Athletic Retirement*. In Greendorfer S. L., Yiannakis A. (Eds.), *Sociology of Sport : Diverse Perspectives*. New York: Leisure Press, 1981.

【9】Rosenberg E., *Athletic Retirement as Social Death: Concepts and Perspectives*. In Theberge N., Donnelly P. (Eds.), *Sport and the*

Sociological Imagination. Texas: Texas Christian University Press, 1982.
【10】 Schlossberg N. K., A Model for Analysing Human Adaptation to Transition. *The Counselling Psychologist*, vol. 9, no. 2(1981).
【11】 Schlossberg N. K., *Counselling Adults in Transition*. New York: Springer, 1984.

致 谢

敲完最后一个字符,抬头仰望,近日来雾霾重重的夜空竟然看到了几颗星辰,推窗望去,一片清静凄冷。透过宁静的夜色,我仿佛看到了2011年盛夏我进入上海大学攻读博士时的面孔,如同昨日历历在目,十二年的岁月倏然而逝。回过头来,文稿正如同孩子般显现在面前。伴随着时光消逝,在我博士论文的基础上对这一论题又有了新的认知。此时此刻,心如止水,人生中的一段岁月已然过去;虽然前路依然崎岖,但毕竟又已走过一程。岁月磋砣,毕竟东流。回首望去,走过的路程依然荆棘密布,只是留下了自己艰辛的脚步。我十分感慨于自己能够如此艰难走过。窗外天寒地冻,心中却泛起丝丝暖意,想起伴我走过这段路程的师长和朋友,想起我的父母妻儿,他们陪我一起走过了艰辛的求学之路,陪我走过了人生的艰难困苦,我要感谢他们,感谢所有帮助过我的人们。不可想象,没有他们,我能否坚持走过。

恩师刘长林先生治学严谨,待人宽厚。自我得以列入门墙始,先生对我的研究一直给予耐心的指导,在他的辛勤付出面前,我至今仍感到惭愧不已。由于我在读书的同时还要兼顾工作,事务杂多,先生却假以辞色,一直对我鼓励,使我能够坚持下来。先生对我的论文倾注了很大的心血,我的论文修改之际,尽管他正患眼疾,依然逐字改过。看到先生在论文上做出的红色标记,我感动良多。能够得到刘先生的指导是我此生最为幸运的事,先生的严谨让我在学术道路上受益良多,先生思辨的逻辑让我在阐述上更加完善,先生的用功更令我仰慕。在先生指导下度过的时光使我在不惑之年得以更进一步，使我的求学岁月充满温情，我将继续跋涉于学术探索，以报答先生对我的教诲之情。

本书的主体是我在上海大学历史系的求学岁月中完成的，得到了许多老师的教诲与帮助，感谢忻平教授、陶飞亚教授、张童心教授、陈勇教授、徐有威教授、宁镇疆教授等老师给予我学业的教益，使我的学术研究道路能够越走越宽。郭红教授是我的良师益友，她对我的帮助我将铭记于心。

本书的最终定稿是在多方面的帮助下完成的，我感谢支持我完成研究的所有领导和朋友。感谢康戈武教授、王家宏教授、洪浩教授、郭玉成教授、杨祥全教授、路云亭教授、李金龙教授、乔新华教授、王宏江教授、李爱群教授、杨海庆博士、郭燕来博士、缪柯教授、赵岷教授、张大志博士在我研究过程中给予的帮助；感谢原山西省体育局局长苏亚君对我学习的鼓励，2012年底，苏亚君局长对我说的"一定要坚持下来"，我一直铭记于心；感谢山西省广播电视局赵晓春局长对我的鼓励和支持；感谢山西体育职业学院党委书记陈洁老师，山西武术运动管理中心的张军平主任、李莉主任、庞春江教练在我查阅资料过程中给予的帮助；感谢张希贵先生、吴增仁主任、袁新东教练等配合我完成采访，他们使我的研究更为丰满；感谢我的硕士研究生徐重午、高锦锋为我完成资料整理付出的辛勤努力。

感谢太原工业学院副院长牛宇岚教授，感谢太原工业学院对本书出版的资助。感谢复旦大学出版社总编辑王卫东博士和责任编辑黄丹老师对本书付梓所作出的努力。

岁月有尽，学海无涯；仰望夜空，星河璀璨。后路虽崎岖漫漫，毕竟已行过万水千山，我愿用各位老师和朋友为我点起的学术火炬照亮前行之路，攀登更为险峻的学术高峰。

田文波于2022年并州冬日

图书在版编目(CIP)数据

社会变迁与运动员生活秩序的重建:以山西省武术运动员退役生活为中心:1958—2008/田文波著.—上海:复旦大学出版社,2023.9
ISBN 978-7-309-16531-9

Ⅰ.①社… Ⅱ.①田… Ⅲ.①武术-运动员-退役-生活状况-研究-山西-1958-2008 Ⅳ.①G812.32

中国版本图书馆CIP数据核字(2022)第195233号

社会变迁与运动员生活秩序的重建——以山西省武术运动员退役生活为中心(1958—2008)
田文波 著
责任编辑/黄 丹

复旦大学出版社有限公司出版发行
上海市国权路579号 邮编:200433
网址:fupnet@fudanpress.com http://www.fudanpress.com
门市零售:86-21-65102580 团体订购:86-21-65104505
出版部电话:86-21-65642845
上海盛通时代印刷有限公司

开本787×960 1/16 印张14 字数182千
2023年9月第1版
2023年9月第1版第1次印刷

ISBN 978-7-309-16531-9/G·2434
定价:68.00元

如有印装质量问题,请向复旦大学出版社有限公司出版部调换。
版权所有 侵权必究